U0003195

蔣媽媽是我們的校長

歷史如長河，日夜奔流，

奮進的舵手，划向人類哀榮。

猶欣於他鄉所遇，回顧半生路，似望故人顏。

向厚祿攝

浸潤於時光中，在天地之間傲行。

南京遺族學校記錄近代史百年滄桑，

渡海留言，珍藏著家族形貌，

窩在心裡感念著。

高雄南京村

感嘆歷史的錯差，使我們遠離家園，卻又暗暗慶幸，

大江大海之外的和平直視。

錯迕後立足高雄南京村，重回塵世軌道，

靜謐書寫下去。

段劍瀛為遺族校友熱情服務。

張則周歷經白色恐怖。

永遠的戰士

砲火逼近，行軍高山與激流，

再輾轉黑水溝，走向中華歷史上最大的冒險旅程。

移防地圖伴隨著空襲、傾塌、夜行與轟炸，落腳島嶼。

傅達仁在體育界大放光芒。

流亡的歌王陳璽文。

閱山河，讀歷史，觀天下，念蒼生。

鄧曙以口琴撫慰人心。

張默是戰地詩人，為現代詩播火種。

霍剛凝煉半生

引渡半個地球。

以明月，焐暖遊子歸路。

此去千里，請為我珍重，

思慕轉換，有情變遷，人間煙火未散。

眷戀之村

舊日刻苦又克難的痕跡，已全然消逝，
繽紛前後，村落唱起悲曲歡歌，沖刷了恩怨。
離船登岸，自此換了新顏，翻騰世代。

戰車曾經壓過，胎痕已深埋在繁花之東。

舊影已消逝，遇見美麗新魔法。

離奇的停駐在聚落，凡塵外有新啟示。

勁草集

我家的兩岸故事(三)

財團法人沈春池文教基金會——著

序

對世代至深的敬意

——石靜文（沈春池文教基金會秘書長）

閱過《疾行船》與《渡阡陌》，後輩參與、見證及陪伴遷臺第一代走過辛酸又堅毅的腳步，無異是對歷史至深的溫情敬意。「我家的兩岸故事系列」第三本《勁草集》有別於勇將老兵的陣前殺敵故事，主角是戰亂中，受過南京遺族學校悉心栽培的幸運兒，雖然被稱「流亡學生」，飽受流離之苦，卻有幸避開了最前線的殘酷煙硝戰禍，在後方甚至還受到無血緣的至深親情照撫。

所以，《勁草集》書卷極濃、文氣也足，

在墨痕深處，雖然總見已近暮年的老學生落下既感恩也感傷之淚，訪談卻字字句句蒼「勁」有神，第一代來不及說，讓第二代接著說，與自己再重逢一次。

取其「勁」而名為《勁草集》，將蒼穹下的天地與蒼茫中的世界，集合成蒼勁的回望。從一九四九到現在，三百位第一代南京遺族學生俱已蒼老，他們在對岸碼頭既前望前程，又回首遠望故鄉那一刻，都還是懵懂幼年或青年，幸運的在遷臺後繼續學業，再以扎實文憑立足社會，力爭上游走向人生高光，為四十年代的臺灣奉獻所長，經濟起飛佔有一份功勞，各行各業都有他們奉獻的可貴紀事。

讀書是件好事，學問越豐富，越能發揮服務社會的力量。回想一九四九年六十萬大軍或攜家帶眷，或孤苦無依踏上寶島，個人的成長和家國的建設如影相隨，清苦與心苦交錯，渡海兒女因種種不得已的轉折飄流，擁有兩個故鄉。

對岸的祖輩當年那曾預知子孫將長留遠方的島嶼？這充滿考驗的意外流亡歷程裡，什麼才是必要的兩代接續？無異是以文字記載催淚過往，從波瀾壯闊到波瀾不驚，體現書寫的玄妙情懷，成為時光軸線上的驚鴻，緬懷著前人的光，引領後人省思。

《勁草集》詳實收錄南京遺族學校獨特的教育回憶，開啟壯闊又溫暖的篇章。古都中山陵邊，校長蔣媽媽和戶長蔣介石為無血緣的「孩子」共同打造幸運天堂，「紫金山的雲氣，天保城的霞輝，日日呈現在學生的眼簾。倘果出了一個像孫總理一樣的崇高偉大的人格，來完成我們的三民主義，那就不負我們辦學的苦心，亦不愧為國民革命軍的遺族了。」蔣媽媽親力親為，早上準備牛奶，晚間陪著自習，她的訓話，牢牢記在學生的心中。

遷臺後承接知識的渴求，流亡學生成為社會菁英外，國寶級的名人也在書中道出奇幻，將一生奮鬥有成的故事全部留在島嶼。歲月不等他們，文字卻留下歲月，展書而閱，即可讓每一刻都成為永恆。

高雄有個南京村，村民未必是南京人，卻通通講南京話，吃家鄉的蘭花干和小湯包，鍋碗瓢盆的鐵材來自飛機邊角，《勁草集》含有濃濃的懷舊思鄉。

沈春池文教基金會持續在出版路上前行，讓百萬渡海兒女一代接續一代躍於紙上。一九四九年上岸的學生，雖垂垂老矣，但「精神熠爍」是團隊對《搶救遷臺歷史記憶庫》訪談人物的普遍印象，他們面對鏡頭陷入回憶時，眼神迷濛中發亮，記憶要花點時間才跟得上，才能講清楚故事、憶明白舊事，但精神始終熠爍，那時刻，被大時代的故事深深感動，講的，聽的，寫的……還有讀的。

每個人心中，都有個等待開鎖的箱子，等待知音開箱照看那如滄海難收的往事。紀錄團隊從拍攝到書寫，不忍卻又必須開啟藏著烽火的血色與火光暗箱。為了讓子孫鑑往知來，趁著記憶集攏不失焦的時節，與溫熱有情的過往相逢，親炙雄渾壯闊的足跡。

「兩岸青山相送迎，誰知離別情？凝結百歲盟，忽成一朝別。」戰爭造成中國戰後一代的幻滅人生，充滿抱負的青年雖被打亂了青春，但渡海之後，許多人向時代挑戰而奮鬥有成，壯志得伸。也因此，離散的書寫，不只悲情，另有更多的智慧勇氣……和歡欣。

從書中更可以瞭解，心懷感激而積極進取的戰火孤雛，遷臺後歷經時代各種考驗，深刻認知命運就如長河，雖無法左右，卻能以知識應變，以頂風迎雨的態度，完成微渺又偉大的任務，這正符合沈春池文教基金會成立三十六年來，投身文教志業的耕耘精神。

江河濤濤，兩岸共融，《勁草集》攬盡天下疾風勁草，印證俯瞰千里，始於筆尖的浩然之志。

序

天可長，地可久

——李碧華（主編）

為百年大業而書寫，以紀錄片拍攝與口述採訪，完整組成《勁草集》的時代真相，也貼近動亂的赤誠回憶。

《勁草集》是「我家的兩岸故事」系列第三本，焦點放在南京遺族學校與流亡學生跨越大歷史。作者接觸到多位近百歲的遷臺長輩，他們聲若洪鐘、記憶力不凡，騎著腳踏車來相見，令人瞠目結舌。

「沒有蔣媽媽，就沒有今天的我們」、「人

生是一半努力一半命運」這些異口同聲的深刻體認，都出自當年青澀，如今已白髮蒼蒼的學生們，在《勁草集》中，可細閱不向命運屈服，離奇的一生。

三百多位同學登上卡車離鄉的日子，在一九四九年大年初一清晨五點半，天剛剛濛濛亮。中國人最重視的春節團圓，卻恰相反成為分離的倉皇時刻。社會已脫序崩解，暴民四竄，學生以學校教的武術防身，可以想見那年的深冬有多冷。

無依無靠，唯有讀書才能出人頭地的時代邏輯，其實淺顯易懂，專心去盡一個學生的本份，自然出現愛才的無私好老師，幫助孤雛衝破困境，走出一條光明的路。蔣夫人視他們為己出，給予高規格的貴族學校待遇，遷臺後再由師大附中校長黃澂接棒，拯救了遺族的四分五散，也為臺灣培植了專業人才。

符合「親愛精誠」校訓，無私又寬容的將一群衣食無著的孩子，帶向傳承的路。一九四九離開南京的倉皇難以抹滅，全球遺族校友甚為感念當年學長的扶持，學弟的合力，每年都以蔣媽媽的壽辰為聚會日。一九九五年歷史性的晉見來到紐約長島，蔣媽媽已高壽九十七歲，「兒孫滿堂」的快慰溢於言表。

書中篇章寫盡遷臺的頭角崢嶸、奇人軼事。林家花園探訪將門之後段劍瀛，經過一面被歲月之火燻黑的牆，過往逃難、逃亡的黑暗時代再度喚起。

傳達仁自創籃球「四生」，名滿兩岸。小學畢業的法官王忠沂是奇蹟之子，符合古今中外苦學有成的硬道理。六〇年代，本島百廢待舉，尚未啟動對文化的珍視，藝術家霍剛即以遠見為臺灣開啟國民美術教育後，移居米蘭追尋更開創的技法。

動亂的「二二八」與「七一三」事件，由大學教授張則周細說當年往事，願前人的苦難不要重現。陳璽文在前線訓練歌手勞軍，籌辦文康有功。等戰爭平息，和平來到，他走入紅包場，為自己高歌。

政治大學歷史系主任閻沁恆，隨遺族同學進入師大附中而滿腹經綸。嚎啕無聲的淚水封藏五十，回想滿目瘡痍的山河，他看清中華兒女被外族侵略的真相，課堂上，這真相屆屆代傳。張秋香進入女青年大隊被派往金門，第二天就碰上八二三砲戰，調到大膽島，在不見天日的坑道喊話，六十天沒見到太陽。

小學老師鄧曙從不提原名，就以「曙」字引領自己向光前行，用袁大頭換來口琴，吹奏出思鄉的傷痛。山東來的「長公主」鄭峮岩鄭重聲明，「我不是來逃難，我是來玩的。」帶軍渡海的將軍，越過黑水溝駐紮寶島練兵，困境中展現勇氣，書中對「高雄南京村」的兵工廠描述，如歷其境。

「以團結之水，澆命運之花。」經歷第一次流離是痛苦，第二次要珍惜，一別就成永別的時代眼淚，是新人類難以想像的。和平的鐘聲下，天可長，地可久，《勁草集》讓後世瞭解帶兵將軍所思，為時代做了代言。

名人序

百年樹人——紫金山的雲氣

——朱惠良（黃埔軍校校友朱山之女，曾任故宮研究員）

二〇一八年，我曾經在北京參加沈春池文教基金會三十周年慶，體認到《搶救遷臺歷史記憶庫》的深耕。如今出版《勁草集》，我提筆為序，也成為盡力一員。

二〇二〇年十一月十四日，國民革命軍遺族學校九十二週年校慶暨蔣媽媽逝世十七週年紀念會在台北市天成大飯店舉行，這是該校校友會解散前所承辦的最後一次正式活動。國民革命軍遺族學校是國民政府於一九四八年國民革命軍北伐成功後，為收容國民革命軍陣亡戰士遺孤而創辦的學校，蔣媽媽則是學生們對主席校董蔣夫人宋美齡的暱稱。

當年位於南京紫金山南麓中山陵附近的遺族學校中，最低班的初一學生如今多已近期頤之年。二〇一七年底，《遺族學校校友通訊》最後一期出刊，為遺族學校吹起了熄燈號，二〇二〇年底遺校校友會的解散，則象徵著國民革命軍遺族學校世代即將結束。

從辛亥革命到北伐戰爭，不少志士仁人為國捐軀，留下許多未及成年的遺孤，為告慰已逝先烈，中國國民黨中央常委會決議創辦一所革命烈士子弟學校，專門收容北伐戰爭中陣亡將士之子女與辛亥革命中壯烈犧牲的先烈後代，由國家培養，教育成材，這所學校即是在中國近代史上獨樹一幟的「國民革命軍遺族學校」。

一九三〇年冬，學校擴大規模另設遺族女校，抗日戰爭爆發後，遺族學校暫時停辦，八年抗戰勝利後於南京原址復校，國共內戰後，國民政府遷至臺灣，學生撥入臺灣省師範學院附屬中學，學生逐年畢業，直至一九五三年最後一屆遺校學生於師大附中畢業後，國民革命軍遺族學校終於完成其時代的歷史使命。

蔣夫人曾於〈國民革命軍遺族學校和女校建校的經過〉一文中說道：「我們遺族男女兩校，巍巍的校舍對峙在中山陵園之前，紫金山的雲氣，天保城的霞輝，日日呈現在學生的眼簾。他們受了這種自然的美感和英靈的覆育，潛移默化的力量，將來希望誠是無窮！如果我們學校裡的學生之中，倘果出了一個像孫總理一樣的崇高偉大的人格，來完成我們的三民主義，那就不負我們辦學的苦心，亦不愧為國民革命軍的遺族了。」

遷徙來臺的遺族學校學生在臺灣落地生根，並於各自的專業領域中嶄露頭角，例如當代藝術家霍剛以及知名體育主播傅達仁……等。他們是遺族學校最後一批學生，《搶救遷臺歷史記憶庫》特地尋訪臺灣這些僅存的遺族學校子弟，製作珍貴的口述歷史，收入《勁草集》，不僅讓讀者能夠認識這所傳奇的遺族學校，了解創辦者的苦心，更將因此而充分感受到大時代中兩岸的悲歡離合。

名人序

承擔不言悔，領悟傳家智慧

——馮燕（台大社工系榮譽教授）

身為一個在臺灣眷村出生長大的孩子，每當談及兩岸故事，心中總是泛起濃濃的情感。記得小時候最喜歡過年前後的熱鬧，不但有一年難見的好吃好玩東西，像是供桌上豐盛的雞鴨魚肉年菜、煎年糕、炸麻油糖、灌香腸、放鞭炮、打麻將、推牌九……等等，還時有讓爸媽笑逐顏開的老鄉、老同學等客人來家裡拜年、聚會。席間無論是喝茶飲酒，還是上桌摸八圈，大人們話匣子一打開，讓我們小孩在一旁聽到父母的前半生，像是他們師大附中流亡學生跟著方校長逃到大後方，又輾轉來臺的有苦有樂故事；十萬青年十萬軍投筆從戎，被派到密支那（緬甸北部城市）跟英軍一起受訓，土包子的小兵不知道要怎麼用補給物資的尷尬好笑故事。

抗戰勝利後復員，多麼心虛地用同等學歷去唸大學，卻沒錢吃飯只好再從軍的辛酸故事；如何跟老家斷了音訊，有人每次喝了酒就一直說老家還有個多好的媳婦兒在等著，別再跟他介紹女朋友了……等等，好生感動。那是一段段糾結於歷史長河中的故事，承載著那個大時代中的各種記憶，猶如一道彩虹橋樑，跨越過兩岸人民的心靈。因此，我深感榮幸並衷心推薦沈春池文教基金會支持的「我家的兩岸故事第三集」《勁草集》。

這個計畫的初衷在於《搶救遷臺歷史記憶庫》，讓更多人能夠深入了解並珍愛兩岸種種故事。透過這一系列真實故事的述說，我們不僅可以看到兩岸人民在風雨飄搖的歷史中所經歷的艱辛與抉擇，更能感受到他們所展現出的堅韌和勇氣。這些故事並非僅僅是文字和圖片的堆砌，而是每一位生活其間人士的鮮活生命，是他們心路歷程的真實寫照。

作為一名教育者，我深信教育的力量。而這樣的文化教育計畫，正是為了讓更多的人透過歷史的鏡頭，從中領悟人生的智慧，進而影響和塑造未來。每一個故事背後都有著生活的滋味，有著人們為了生存和信念所做出的種種努力和抉擇。正是這些故事中蘊含的情感和智慧，塑造了今日的我們，也將會影響到明日的世界。

我深信，支持這樣的計畫至關重要。它不僅是對過去的尊重，更是對未來的投資。只有透過了解過去的故事，才能更好地理解當下，並更明智地面對未來的挑戰與機遇。這些故事，是我們庶民文化的根基，是我們共同的記憶，更是指引我們前行的明燈。我誠摯期待《勁草集》能夠得到更廣泛的關注與支持，讓這些珍貴的故事得以傳承，成為兩岸共同的文化瑰寶，為兩岸人民的心靈建構一座穩固的橋樑，則兩岸文化交流更加深入有意義。

名人序

銘記孤雛的成長之路

——蔡慧玲（群景國際商務法律事務所所長）

沈春池文教基金會素以中華文化視野，致力於兩岸交流平台，推動各種傳統與創新的文化交流活動，促成兩岸攜手合作，將中華文化推廣至全世界，也是對於兩岸文化交流深具影響力的基金會，《勁草集》透過尋訪遷臺一、二、三代人物及早期遷徙來臺的閩南人、客家人後代，口述歷史，珍藏精選人物的生命故事，得以感受遷臺人物的歷史變遷。

透過文字洗練的功力與細膩的筆觸，勾勒出了一幅充滿歷史厚重感的畫卷，將我們帶入了一個特殊時期，顯示出人性的光輝時刻，讓人不禁想探究其中的故事。感佩創辦人沈春池先生創辦沈春池文教基金會，哲嗣沈慶京董事長克紹箕裘，發揚光大，基金會秘書長石靜文曾任台中市政府新聞局局長，亦為專業媒體人，以基金會出書記錄政府遷臺特殊的年代，這些戰火孤雛，他們的成長之路，他們的感恩之情，都值得我們銘記。他們的故事，不僅僅是一個遺族學校的歷史，更是一個時代的記憶。

看了本書後有很深的觸動，原本的這段歷史在課本上曾經提及，卻又不甚清晰，而於本書中得以看得更深層，在這所遺族學校，戶口名簿上的戶長竟然是「蔣介石」，這一點令人感到匪夷所思。然而，正是這個特殊的背景，讓這裡的學生們充滿了感激之情。

他們從南京渡海來到臺灣，成為了一個特殊的群體。在這裡，師長即家長，同學即兄弟。他們共同經歷了驚濤駭浪，從蹦跳的小子到白髮蒼蒼的老人，見證了歷史的演進。這些深刻的人生經歷，戰火孤雛的成長之路，進而對於社會和國家有所貢獻，來報答政府培植的厚意。這不僅是一種感恩，更是一份責任感。時光匆匆，這些老同學們已經走入歷史。這些曾經的戰火孤雛，如今已經是白髮蒼蒼的耄耋老人，但他們的回憶和情感依然鮮活。

這不單是一部關於遺族學校的人物故事，更是一段關於家國情懷、人性溫暖和奮鬥精神的傳承，也是一本充滿溫情和感動的書。這些戰火孤雛，他們的成長之路，他們的感恩之情，走過歷史的洪流，刻苦艱辛的生命故事，格外令人動容與佩服。以王忠沂為例，由大陸來臺時只有小學學歷且有肢體障礙，幸運地看到一則廣告，考上不需要學歷的高等法院臨時錄事，之後認真加上文采考上書記官，自學苦讀通過高檢，二十五歲考上司法官，之後再轉任律師，如他所說以他的小學學歷能進入司法界是奇蹟。

在那個艱困的大時代，發生許多奇蹟感人故事，這也是一本可了解中華民國政府遷臺的時代背景故事，若對於生活感到有所困惑或在人生的旅途中有些許的疲憊，可細細品味生命的堅韌與思考如何突破人生的困局。

推薦序

一切，都在轉眼間改變

——蔡榮根（文史作家）

我生長在十萬大軍駐守時代的戰地金門，金門人對軍中南腔北調的外省人統稱為「北仔」，或者戲謔地稱為「北共」。幾年前我去北京開會，北京建築設計研究院抗震研究所的王所長是廈門人，跟我如同他鄉遇故知地用閩南語聊天時，也稱旁邊來自各省各地的工程專家為「北共」，既感訝異又會心一笑。

這些「北仔」有些娶了金門姑娘，回到臺灣住在眷村裡，他們的第二代在各行各業成就非凡，有曾任部長級高官、各領域高階主管、大學校長、教授、將軍、名作家、旅美聯邦高級官員等。儘管他們的父親來自大陸各省，但有個共同的交集——金門籍的阿信媽媽，我因此為大家成立了一個line群組「金門媽媽臺灣囝仔」，他們都以身為金門人為榮。

也有些「北仔」由軍職轉文職，在戰地政務時代的金門擔任副村里長或副鄉鎮長等。還有些基層老兵退伍後，帶著僅有的微薄退伍金和一套破棉衫在金門自食其力。他們最後都在金門娶妻生子，第二代都跟我一樣操著一口金門國語，沒有人當他們是外省人。現在他們不但是各行各業的中堅，有些更是貢獻卓著，像父親是湖南老兵的報導文學名作家楊樹清，深耕金門地方文史，以個人之力建立了已入學術殿堂的「金門學」架構。

也有不少福建人在大陸淪陷前後渡海來金門，對現在行政區劃還是「福建省金門縣」的金門而言，並不算是外省人。他們其中有多位是應聘來金門任教的老師，在一九六七年白色恐怖高峰期，因在大陸時曾參加「讀書會」而被以匪諜嫌疑逮捕，被送往綠島坐牢，直到老蔣總統過世才被特赦釋放。

一九四九年十月，解放軍進入廈門，先父因遺失了身分證，在亂軍中怕被抓伕不敢回老家，認識的船員就邀他上了平常航行於金廈間的金星輪，隻身來到金門。十九歲的父親當時一定想不到，從此與金門復國墩對面的晉江石兜村老家，雖僅一衣帶水之隔，但卻咫尺天涯，直到一九八九年才經由香港，繞了一大圈回去探親，距他十三歲離家，已經整整四十六年了。

據民國史專家林桶法教授統計，外省籍國軍來臺人數約五十萬人，一九五〇年後再陸續從舟山群島、海南島、越南富國島、滇緬邊區撤回十餘萬人，韓戰戰俘來臺者近萬人，總計國軍約六十餘萬人。公務人員及一般民眾為避難而攜家帶眷來臺者也約六十萬人，其中包括流亡學生，也有部分是由香港轉進，還有少數來臺觀光旅遊因局勢遽變而滯臺。

來臺外省族群中，幾乎每家都有個驚心動魄的大江大海故事，其中不乏血淚斑斑者。沈春池文教基金會鑑於來臺的第一代長輩，現僅存六萬之數，而且以一年一萬人的速度凋零，因此投注大量資源於《搶救遷臺歷史記憶庫》，與《疾行船》和《渡阡陌》相較，《勁草集》記錄的故事更加多元，主人翁有受到蔣宋美齡特別照顧的遺族學校來臺學生霍剛、閆沁恆；也有因白色恐怖被關押十一年四個月的台大學生張則周。

十九世紀哲學家黑格爾曾經說：「歷史給我們唯一的教訓，就是人類永遠無法從歷史中汲取任何教訓」。此時此刻尤其值得深思。

推薦序

點亮時代的精神火炬

——李筱筠（歐洲華文作家協會現任會長）

根是點；因戰爭而被迫東西遷徙北南流散的人們在身後拉出一條蜿蜒的曲線；滿佈原鄉故土的線，編織成一張歷史的網，型構出一個特殊時代的面。

點、線、面，是南京遺族學校學生、臺灣第一代旅義現代抽象藝術家、歐洲華文作家協會榮譽會員的霍剛先生藝術創作時所善用的元素。他的抽象畫不僅使我聯想到瑞士裔德國籍畫家保羅．克利（Paul Klee）的作品，亦想起曾在瑞士參觀的克利特展。我沿著展覽動線欣賞畫家不同時期的系列作品，最終在其作品《沙漠之中》（德：In der Wüste）前凝視良久。畫作中央微微透亮的多色方塊其鮮明的意象讓我體悟到，生命無論經受多少起伏跌宕，人會在歲月流轉中漸獲生命之光。

具傳奇色彩的南京遺族學校的學生們，是八年抗戰期間為國捐軀的國軍烈士的遺孤，後因國共內戰成了一群躲避烽火、饔飧不繼、輾轉流離、移居他鄉的少年。

他們其中有三百多位隨國民政府遷臺，而流亡南遷的過程驚險，僥倖躲過數次暴民軍兵的刁難與威脅，不少學生甚至在跋涉途中險些喪命。

抵台初期因政治動盪和經費考量於復學不久後被迫離開充滿關愛、友誼與溫情的學校團體生活，各自前往所分發學校就讀。獨在異鄉孤苦無依，卻深知存活之外自身所承載的家國情懷與肩負的傳承使命，繼續中斷的學業。堅忍剛毅的學生們不負期待，各個學有專精，學成後分別在教育、藝術、軍事與傳播等不同領域發光發熱。他們不僅見證了中國近代史的變遷與發展，更通過其專長，為臺灣本土文化開拓別樣視域，亦為臺灣多元化的文化生態環境賦予更為豐富的內涵。

出生於中國山東濟南的傅達仁先生，成長初期時值日本侵華戰亂年代，因父親命喪烽火而成為遺族學校學生，隨國民政府來臺。大學畢業後二十五歲那年被選為籃球國手，退役後轉為體育記者和主播，曾七次現場採訪奧運，可說其一生是臺灣近代體育發展史的縮影。

另外具代表性的遺族學校學生有藝術家霍剛及原籍山西省的政大歷史學教授閻沁恆，他退休前在政大擔任歷史系主任、傳播學院院長及訓導長，大半人生都奉獻給臺灣高等教育，為國家培育無數人才。此處沒提及的前輩們，也值得細讀他們回顧遠離原鄉和移居他鄉的往事。

這些烽火遺孤，失孤卻不自憐自棄，反之能超越戰爭陰影化悲傷為邁進的力量，在自身尋獲生命之光後將這道光煉成一把點亮時代的精神火炬，這是遺族學校學生們其人格深具魅力的原因所在。

人類若不回憶和記載，時間便不存在，歷史也不存在，遑論人類文明與文化的延續。南京遺族學校學生在臺灣扎根、生根、深耕，數十年後枝繁葉茂，如今回首人生，進行歷史書寫，讀者不僅能藉此理解上世紀那段特殊時代的挑戰與精神，亦能從人物強大的心理素質獲得啟發，更能從中汲取生命智慧斷除歷史錯誤的輪迴。

二〇二四年於瑞士巴塞爾

推薦序

鄉愁的前世與今生

——王繼新（三重空軍一村末代村長）

紅色的一九四九帶來了銘心刻骨的鄉愁及數不盡淒慘的兩岸故事。記得小時候父親是防砲營長，過年時會邀一些沒家沒眷的老士官來家吃飯，席間他們聊到自己的家、父母都是老淚縱橫！是怎樣的命運需要面對如此殘酷的際遇？而這樣的無助在那個年代卻比比皆是。

曾經訪談村中的長輩，一位臺灣籍的王媽媽談到在日據時代的生活：日人把臺灣人當做劣等公民，剝削、虐待，毫無尊嚴可言；所有耕作、養殖的產出都要先上繳日本人之後再被分配下來，平常要排隊領取微薄的食品、布料，吃不飽穿不暖，想吃個豬肉要等到有病死的豬日本人不要，臺灣人才有的吃。

日軍入侵海南島，王叔叔被父親送去廣東，考上中央軍官學校第四分校，校舍是大家砍竹伐木搭建，晚上睡廟裡，吃帶糠的米，穿草鞋，經常磨得皮破血流；畢業後被分到防空學校砲科，其他同學分到步兵科，在第一線與日軍作戰，不到半年就犧牲大半了。《巨流河》的作者齊邦媛的摯愛張大飛寫給她哥哥的絕筆信：你收到此封信時，我已經死了！八年前和我一齊考上航校的七個人都死了！我知道下一個就輪到我了。

戰爭就是一場生離死別的偉大悲劇，但是誰有權利發動戰爭？又為何有那麼多的生命一起捲入這樣的漩渦裡？過去歷史已有無數的戰爭！現在是烏克蘭，未來會是臺灣嗎？朱叔叔湖南人，那時共軍已經在鄉下發動鬥爭，知識分子、地主、富農，怕被鬥被父親安排去當游擊隊，差點亡於日軍槍下。

可見當時民間是非常苦的！有國軍、日軍、共軍、游擊隊、土匪，真的是兵凶戰危，混亂的時代。抗戰勝利後，國共開始談判，邊談邊打；蘇聯撤出東北後將武器裝備都交給林彪的東北野戰軍，自此東北局勢惡化，共軍再發動遼西、徐蚌、平津，三大會戰；國民黨推動「金圓券」讓物價高漲，貨幣好像廢紙。在軍事、經濟失利後國民政府大失人心，蔣中正引退，李宗仁接任後與老共和談但破裂，解放軍隨即發動渡江戰役，攻下南京，國民政府失去了統治基礎，中共在北京建立了中華人民共和國，而國軍則向西南撤退再轉進臺灣，烽火連天！自此兩岸相隔，妻離子散，本是一家人卻硬生生被拆散。

我的母親是福州人，嫁給後來是國軍的防砲營長，而母親的妹妹嫁給後來是共軍的防砲營長，八二三砲戰是福州軍區下令砲兵砲擊金門，那時我的父親就在金門予以還擊，這樣的對戰是否很荒謬？

而戰爭帶來的都是小老百姓的驚恐與傷痛，到底是誰在捉弄？

推薦序

眷村教我的事，獨特的篇章

——曹平霞（中華美韻合唱團團長）

生活中的美好事物，閱讀肯定是不可或缺，讓我們在記憶扉頁裡，以文字翻找先賢烈士撒下的壯烈種子，成就四年級生最美的表率。

戰後一片荒蕪，父母帶著孩子追求典雅勤奮、風和日麗，期待一個個長成各行各業的巨樹與繁花。臺灣經濟起飛在於兩代接棒的苦幹實幹，絕非倖致，沈春池文教基金會出版《勁草集》留住這些記憶。

五十年前，我住在莒光一村眷村，從日常感覺到人情溫暖與樸實真誠，大學畢業雖負笈海外，也難忘眷村屋舍意境，還有大人教給我的智慧勇氣與承擔，溫暖寬容與慈悲。

《勁草集》書寫兩代流離，書中的老將軍和老士官提到隔岸的血脈之情，無不老淚縱橫。在時間軸尋找回溯人生答案，我被此書觸動甚深，深深的思念天堂上的父母，在天上可好?!對我這豪情萬丈的女兒應該也放心不吧！

父母繞著戰爭，聚合於寶島，那麼疼愛我，一輩子都無法報答，「樹欲靜而風不止，子欲養而親不待」，雖然是句老話，卻最能如實表達我此刻的心情。

「南京的遺族學校」是本書重要篇章。無父無母的戰火孤雛幸運被收容在幾近貴族的學校，受到教育，也學到技能，養牛織布外設有農場耕耘五穀，在自蓋自營的天堂，隔絕了校牆外的殺戮。

受時代左右，每代人縱使奮力的聽天不由命，也無力抗衡戰爭與和平對渺小個人的影響。我幸運的生在寶島，長在寶島，又備受父母寵愛，沒承受過真正民不聊生的磨難。所以，我幸運，我珍惜，希望「兩岸故事」的出版綿綿長長，在兩岸搭起理解的長橋，所有中華兒女都相會且相融。

推薦序

母愛，渴望讓孩子看見

——郭莉穎（建築業）

一幕幕故事在窗前上映，脆弱的情緒無法靜止，我似來自民初的女子，在已塵封的歲月中，深切感受當時戰火中那些在苦難中不屈撓的生命戰鬥力，而這些人有些還是我知道且敬佩的長者，這樣的真實讓人激動，我在故事中穿梭著，走不出來。「我家的兩岸故事」系列的新作《勁草集》，引領我們走入一段段撼動人心的故事中。

這些故事，從遺族學校的溫暖與滄桑，到南京村的日常，每一段敘述都是一次深刻的心靈觸碰，不僅僅是歷史的紀錄，更是對人性、堅韌與希望的深刻探討。或許我們難以想像在戰火與流亡中生活的艱難。

長長火車擠滿人的場景，火車駛過的鳴笛聲響，穿過山洞卻代表生命可能的撞裂與身亡，哽咽地描述，淚也在目眶中靜止，理解即使最黑暗的時刻，也殷殷期待火車駛出洞口，看見人性中光輝且耀眼的光芒。

霍剛先生從一名遺族學校的學生到當代藝術大師，他的藝術創作信手拈來隨意揮灑，交錯著他思鄉的生命經歷。此外，傅達仁的「年輕奮鬥向前，年老喜樂再見」，張則周的「逆風奮起」及王忠沂「力爭上游故事」等，不僅豐富了我們對歷史的認知，更給予生命的反思與啟發。

在特殊時代的不平凡選擇，他們的勇敢、堅持和感恩，在書裡、在筆下，我已深深沁入心簾……「為妳肆無忌憚翻一個大大方方的筋斗」淚不禁落下，在張默為母親吟唱的詩句裡，「離別很常、相聚很短」這是多麼自我苛求的孝心呀?!這夜惆悵，也沉醉！我是一個媽媽，同樣渴望自己的母愛能讓孩子看見。

這本書在波瀾壯闊的歷史中開啟內心的對話，閱讀一個個從戰亂中走來，透過聖潔的靈魂與未來使命交流的故事，如同時代的縮影，揭示了歷史的層層面貌，得以穿越過去和現在，探索那些在戰火與動亂中不曾放棄希望的靈魂，如何以不凡的勇氣和智慧，面對命運的挑戰。

如同書名《勁草集》，在風霜雨雪中展現了生命的堅韌和不屈，讓我們沉浸「我家的兩岸故事」系列作品的心靈旅程，從中汲取生命的力量，面對每一天清醒後的美好！愛了！

推薦序

啟動情感的按鈕

——張佳玲（留美學人）

根據我阿公保存的家譜記載，祖先來自福建龍溪，我是第二十二代。本書中受採訪的對象，均為二次大戰結束後，自中國各省輾轉流亡到臺灣的第一代移民，也就是大家認知的「外省人」。

自我有記憶以來，生活圈卻早就和外省人密不可分。我的國小啟蒙老師是浙江人，她和我們不只一次講述她兒時跟著父母坐船逃難到大陳島的驚險故事。我小時候住淡水，英專路上有好幾家由外省人經營的早餐店，專賣豆漿燒餅油條，讓早餐慣常吃稀飯配小菜的本省人有了更多元的選擇。而我在求學過程中，同學不乏外省爸爸和臺灣媽媽聯姻而生的外省第二代，亦即俗稱的「芋頭番薯」。

二次大戰後，跟隨國民黨撤退來臺的第一代外省人，不都是軍人，他們有更多是流亡學生，來臺時年紀都很小，多半孤苦無依。《勁草集》採訪的對象背景多元化，共同點就是早年困苦，但憑藉自身努力以及善用政府提供的資源在臺灣落地生根，進而翻轉人生，這正是這部作品集所要傳達的「疾風知勁草」的訊息。

當代知道「南京遺族學校」事蹟的人可能不是很多。這些抗戰先烈的遺孤如今多已年暮，或已凋零。沈春池文教基金會秉持著傳承歷史的使命感，著作了兩本報導文學《疾行船》和《渡阡陌》之後，第三部作品《勁草集》也將這些被遺忘或不為人知的族群介紹給讀者，相信這樣的書籍在近代史學文獻絕對佔有一席之地。

目錄

序

名人序

推薦序

輯一 南京的遺族學校

輯二 南遷的遺族學生

輯三
渡海的文武雙全

輯四
堅韌的逆風之子

輯一

南京的遺族學校

南京遺族學校的華麗與滄桑

「貴族」絕非浪得虛名

規格足以比美皇家學院的夢幻天堂，請到林森、戴季陶及于右任等大師到校演講，讓學生有文化而見過世面。開學典禮後領到一個歐風藤籃，整齊擺放高級文具與制服，最神奇的是，保溫筒還沒發明，宿舍放置銅製小茶壺，炭火整個嚴冬不熄。

蔣媽媽勉以「親愛精誠」，關愛學生，視同己出。

殘陽照向沙場，荒蕪千里，學校高高的圍牆之外，是赴湯蹈火的熱血青年，他們扛槍打靶其實並不熟練，軍容襤褸，綁腿裹好幾層，因為雙腿太細瘦。自己年紀還小，「等讀完書，再去打仗。」但是，書根本沒辦法讀完，戰火燒得太快，逼得學校停課，像天堂般的求學時光戛然而止。

學生自小就見世面

以戶長「蔣介石」，校長「蔣宋美齡」的至尊「家世」，南京遺族學校史無前例給予辛亥革命及八年抗戰為國犧牲的烈士遺孤，構築了受教育的可貴機會。國家存亡之際，五百名無父無母也無血緣的戰火孤雛南京相聚，「師長即家長，同學即兄弟」，宛如一家人的強大親情令學生無限感恩說，「這兒像天堂，沒有遺族學校，就沒有今天的我們。」年齡六至十一歲的「小」學生和職工科農事班二十歲「大」學生，一九二九年四月集體報到。

山河滿目瘡痍，南京「南京遺族族學校」卻是截然不同的另一個世界，宛若夢幻天堂的「貴族學校」絕非浪得虛名，七十年前的規格足以比美現代最前衛的皇家學院。教室桌椅十分科學，每年按照學生身高調整，絲毫不馬虎。

伙食由大廚負責不稀奇，連洗衣服都專門設有洗衣房，洗好摺好放在枕頭邊，鄉下來的少年其實沒看過西洋電影，否則會驚訝於，自己簡直像電影上的王子與公主。開學典禮舉行後，每位學生領到一個歐風藤籃，籃中整整齊齊放了文具與制服，這更像電影畫面了。最神奇的是，保溫筒還沒發明，南京遺族學校在宿舍各角落放置銅製的小茶壺，炭火不熄，冬天的雪下得再大，都不冷了。

一九五一年，遺族學校學生面對時代變數。前排左 4 為霍剛，左 7 為王振松。

按營養配好的「標配」牛奶與豆漿，每天早上按時喝下一杯，七人餐桌，老師和同學共餐，培養了一家人的親近。樂隊規模與氣派比現在還可觀。口琴人手一支，大小鼓、黑管、大小提琴為童子軍開道，皮靴踏步，神氣非凡。

鼓勵學生承續父志，特別邀請林森、戴季陶及于右任等大師到校專題演講，為學生自小培養文化素質，見到世面。

「四方城」校門是傳統牌樓

蔣媽媽的訓誡有這麼一段，遷臺學生記憶猶新：「巍巍的校舍對峙在中山陵園之前，紫金山的雲氣，天保城的霞輝，日日呈現在學生的眼簾。他們受了這種自然的美感和英靈的覆育，潛移默化的力量，將來希望誠是無窮！」如果學校裡的學生之中，倘若出了一個像孫總理一樣的崇高偉大的人格，「完成我們的三民主義，那就不負我們辦學的苦心，亦不愧為國民革

天保城的霞輝，日日呈現在學生的眼簾。

命軍的遺族了。」

校舍的確巍峨，出了南京城中山門，循陵園大道東北行約十公里，矗立在一座丘陵台地「四方城」。校門是傳統牌樓式，背面蔣介石所題「親愛精誠」，門前一條大石子馬路，南到衞崗接寧杭公路，北到四方城接中山路，栽花植樹又鋪草，由中山陵園林專家精心設計，點綴得十分美麗。

學生感恩，蔣媽媽的愛

校園固然美麗，更難忘的是殷殷問候的暖意。「蔣媽媽第一句話這樣問我們，『牛奶好喝嗎？』」藝術家霍剛說，短短一句，記取一生，為困厄注入無限希望。蔣媽媽認為農業是建國基礎，因此從上海遷來良種乳牛場供學生實習，早上一人喝上一杯，咕嚕咕嚕……。鮮奶濃醇萬分可

巍巍校舍對峙在中山陵園之前，遠觀紫金山的雲氣。

口，到現在彷彿還溫熱在喉間之外，關懷所滋長的師生情誼，歷久彌新。「校外那有這等貴族待遇呀？這是何等高尚的生活水平呀？」學生感恩，點滴都是蔣媽媽的愛。

柔的是蔣媽媽，剛的也是蔣媽媽，她常一改慈容而嚴肅的訓話：「你們不要以為你們父兄，為革命犧牲，為國家盡忠，是政府應該教養你們的。要知道為革命犧牲、為國家盡忠的，還有幾千百倍遺族的子女，都沒有機會來進這個學校，」蔣媽媽向孩子叮嚀，你們僅是少數的幸運者，得到政府的優待，應該對社會國家，有些貢獻，來報答政府培植的厚意。「不要變成貪圖享受無法服務的寄生蟲，才不辜負受過遺族教育的光榮呢！」

驚濤駭浪中，渡海南遷

學生雖然似懂非懂，但從建校到復校，總存著百般感念。移民美國的張繁聲提起父親遺物說，「視為珍寶的合身全新冬衣，就是家父在抗戰勝利復校分發到的制服。」民生凋敝，寒冬期待暖衣，遺族學校返鄉的老師留下了這份師生情，在驚濤駭浪中，從南京渡海來到臺灣。

食衣住行樣樣設想周全，學生幸福的穿上自己編織的棉襪而由衷感謝蔣媽媽，她興建二十多台機器的織襪廠，既勞動健身，也學習到技能，更體驗市場經濟，新街口羊皮巷口有間商店，專門銷售學生生產的農產品和女校學生製作的手工藝，商業模式在舊社會非常罕見。

◈小小身軀，負重前行

自給自足的農場位在衛崗，八十多公頃，獨立經營。附設的乳牛場有一百多隻乳牛，是蔣媽媽讓農林部專案從荷蘭運來，生產的高級牛奶原是上流社會享用的特供物質，孤苦學生居然也被親切慈愛的問，「你們好嗎？牛奶好喝嗎？」

下田種菜辛苦，撿拾黃土裡的石塊耗費工夫，雜草永遠除不盡，兩個大水桶挑水走一段不短的山路，跌跌撞撞。夏天南京高溫，毒太陽照射下的旱地很難澆透，草永遠比菜長得快又高。冬日飛起漫天大雪，桶內很快結冰，雙肩更沉了。

誰憐學生的小小身軀如此負重前行？但，這畢竟是一段生命未到受威脅的平安好日子，在那個烽火滿天、三餐無以為繼的艱困動亂當下，學校還異常稀有的蓋起游泳池、運動場等時髦西方設備，讓學生體智群兼備。只嘆，冬去春來的安定也只短短兩年，遠方又驚天動地響起砲聲。

戰爭來了，敵人來了，捲起單薄的鋪蓋，學生別無選擇的奔向茫然未來。他們想讀書，但時代不給機會，他們想回家，但滿目瘡痍，何處才是兒家？

東方新興學校，國際肯定

「我做的最成功的一件事，就是辦教育。」非科班出身的蔣媽媽用留美資源投入百分百熱情，將資源最大化的往國際延伸。孫中山先生的老朋友、美國人士林白克參觀後就曾經數度盛讚它是「當今東方第一所新興學校」。

陪著外國客人前來參觀，看看國民政府對軍人

蔣媽媽在美國會見遺族，鼓勵大家受了英靈覆育，希望無窮！

遺族所做的完善照顧，學生都感受到這份用心：「蔣媽媽領洋先生來學校，讓人看咱們過得多好，又能要到很多美金捐款，好棒喔！」

由英文秘書用流利的英語，恭敬上台向來自世界各地的農業專家解說，得到「學校農場土質優良，管理很好」的讚美，洋先生因此應允分兩年贈一百萬美金給遺族學校，改進農場各項設備，振奮了戰火的凋蔽。

◈抓孩子做禮拜，每人發給一包糖果

蔣媽媽另有獨特的教育方針，就是每周日不可或缺的上教堂做禮拜，自己虔誠親近上帝外，也深信孩子們因信仰更善良友愛。只是，頑皮好動的小屁孩，正襟危坐幾小時聽牧師講道，簡直難受至極。

貴為一國之尊，難免霸氣的安排孩子信仰而執意「信主得永生」，敬拜上帝才是救國救民之道，非感化那群迷途的小羔羊不可，在陵園路九號小紅山官邸二樓設置「凱歌堂」專用禮拜堂，主日當天，幾輛車到學校來抓住十來個孩子，每人發給一包糖果，再送回校園。

連懵懵懂懂，半大不小的孩子都看出蔣媽媽決意引領孩子走出悲情的煞費苦心，增添未來歲月的幸福指數。屬下聽命她的堅持跑去學校「抓人」上教堂，成為周日奇特景觀，被抓進教堂的一位學生，居然淚汪汪的哭起來，聲音不小，有點淒涼，表達了童稚的委屈。

糖果的誘惑不及教堂的無聊，同學邊喊邊逃：「蔣媽媽來抓人了！」正在運動場做遊戲的同學立刻四散竄逃，像玩「老鷹抓小雞」似的，「看儂還要往哪跑？」一上海腔很重，被抓到的小雞緩緩抬頭，從高跟鞋看到覆蓋足踝的銀藍色旗袍，再高高望著紅豔的雙唇、抹著香粉和眼影的臉孔……，終究沒逃過衛兵的追趕，被塞進箱型車裡帶進教堂。起初同學還覺得周聯

高牆內的幸運學生讀完書，再去從軍報國。

華牧師講道新鮮，聽到後面禁不住打磕睡，沒趣又不敢動，木頭人似的只能呆坐一兩個鐘頭。

視幼兒為己出，蔣媽媽巡視學校，看看孩子上課和生活，偶爾在餐廳坐下嚐一口飯菜：「夫人要來視察」主任這樣權威一宣布，上下皮繃緊的全員集合，餐廳明亮潔淨，六人一桌，四菜一湯，營養豐富的讓蔣媽媽放心。晚上返回官邸順路經過學校時，蔣媽媽讓司機將黑色美制轎車繞行校園，偶爾下車督導學生晚自習，常以抽考英語會話為開端。

◈師資雄厚，教學資源充分

這樣一個具有實驗精神、示範作用的獨特學校，終究躲不過烽火摧殘，一九三四年軍民一心抵禦外侮，失學少年無奈被終止受教育的機會，直到抗戰勝利才復校。四個年級的學生以湘籍最多，魯籍次之，尚有臺籍一名，是臺灣省籍劉一飛的尊翁，曾在日本據台期間，潛回大陸參與抗日聖戰。

八年對抗強敵，千瘡百孔，遺族學校卻撐起貴氣規格，圖書館藏書豐富，教學資源充分，醫務室牙科與眼科俱全，集體住校的學生每兩名同用一本國語辭典，四名同學共享一套英漢字典，訂有《中央日報》、《和平日報》、《南京日報》、《大公報》四種報紙，通往世界新知。

學校還比照教授級高薪來聘用教師，宿舍高級、生活津貼豐厚，可領到特別福利獎金。重賞之下有勇夫，精挑細選通過嚴格的授業先生每位皆口若懸河、教學認真。國文老師當時擔任《中央日報》主筆，是滿腹經綸的老學究，走上講台全無課本，諸子百家之說，上下古今之談，信手拈來即席而授，這讓古文根底、史學底蘊不夠紮實的學生，吃盡了苦頭。

課堂上，陶淵明的《歸園田居》，老師也唸起，「少無適俗韻，性本愛丘

懷著感恩的心，組團到紐約向蔣宋美齡女士祝壽。

山。誤落塵網中，一去三十年。」愛好山林田園是天性，誤入了世俗官場三又十年。「羈鳥戀舊林，池魚思故淵。開荒南野際，守拙歸園田。」籠中小鳥眷戀山林，池裡的小魚思念水塘。

英文老師為前南開大學商學系主任，數學老師講課則以中英文數學術語夾雜，洋氣十足，而歷史老師恰是清末湘軍統帥曾國藩的嫡曾孫女，她講述曾氏先祖與民族脈動之牽連，滔滔不絕。遺族學校師資雄厚，可見一斑。

孤兒踏上流浪征途

好景不常，國共的戰火隨著國軍的失利而南移，濟南失守戰況節節敗退，一千多位同學被迫返家，剩餘的五百多人，每兩人發一支軍訓用的鳥槍防身，租用大貨車裝滿糧草，由年長同學拿著槍壓車，踏上流浪征途，接受時代殘酷的考驗。

杭州初陽是大隊人馬抵達第一站，大年初一清晨五點半，天剛亮，學生上車，挖野蔥伴鹽來充飢，居然美味可口。晚間深夜來到中正中學，中途未停車造飯，晚間戒嚴，停車檢查時，有同學尿急下車，一不小心還摔斷腿。出師不利，無可奈何，又餓又累極為狼狽。

戎馬倥傯之隙，當局抽調「金剛輪」撤退，大夥飢腸轆轆四處覓食，學校偶爾發了碎銀兩，每到一站都零星買點土產。有一次來到金華站，每人領到一盒火腿飯盒，像是久旱逢甘霖，大家捨不得一次吃完，珍惜的分上好幾天，慢慢感受那滋味。

旅程中段，從杭州出發到光州夏教，土匪出沒，需聽候指示停停走走，驚魂不斷。同學搭乘的火車是聯勤總部撥的四節車廂，掛在整列車的中間，出韶關前，學生的車廂被前車廂一個逃亡小單位的人把掛勾脫開，站務員制止時他們把手槍掏出，此時，機靈的高年級同學拿出長槍示威才化解危機。

旅途驚險，餘悸猶存。大夥搭四川輪到臺

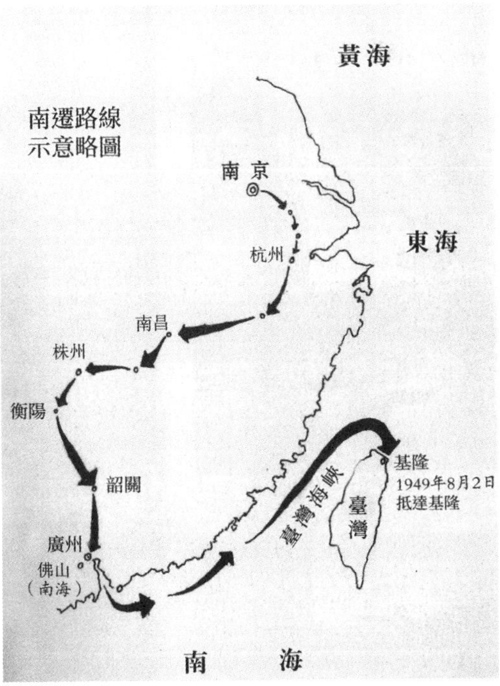

一九四九年一月，國危民難中，學生分兩批撤離。

灣，基隆碼頭把僅存的一塊袁大頭換成老臺幣，買了整串只能在圖畫上看到的黃澄澄大香蕉，吃得津津有味。

上無片瓦，下無寸土在新天地胼手胝足，寄讀臺灣省立師範大學附中得以繼續學業。「十八歲以上從軍報國，以下學一技之長，填志願分發職校，不願者退學。」照著蔣媽媽訓話，傅達仁認為自己對食物有研究，就填了「農產製造業」，因而被分發到屏東農業學校。

學生逐年畢業，直到一九五三年送走了最後一批學生，再無後例的遺族學校正式走入歷史，留在南京的校舍由南京軍區前線歌舞團接管使用至今。

從蹦跳小子到白髮蒼蒼，休戚與共的革命感情令同學們定期在臺

獻上校旗，不負校長辦學的苦心。

灣相聚，見見面、談談心，話題總繞著熟悉的校園生活。每次的同學會上，調皮搗蛋犯事上過警察局的同學都津津樂道，做筆錄報上家長名，一看「蔣介石」，總被警察斥責胡鬧，再進一步追查，「才相信真的是我爸爸，我戶口名簿上的爸爸。」傅達仁說著、說著……就開懷大笑，揚起了招牌笑容。

時光匆匆，拄拐杖、坐輪椅的耄耋老人自二〇一二年走進天成大飯店參加九十二周年校慶後，遺校校友會正式解散，最後一次的終極同學會，身影逐漸淡遠……。

走入歷史，就這樣一瞬間。

國民革命軍遺族學校

小檔案

一九二八年國民黨在南京中山陵附近創辦革命烈士子弟的學校，專門收容北伐時陣亡將士的子女，以及為辛亥革命肇建民國犧牲者的後人，取名為「國民革命軍遺族學校」。

國共內戰爆發後展開遷臺，撥入師大附中，旅居美國的學生感念再造之恩，錄製《蔣夫人真實的一生》CD，一九九四年七月三日完成紐約曼哈頓謁見蔣夫人壯舉。

兒孫滿堂的亂世師生緣
心中保留一個蔣媽媽的角落

遺族孩子稱蔣宋美齡為「蔣媽媽」，受她之恩，有書可讀，有牛奶喝，遷臺後被分發唸高中而成為社會有用的人。當年被愛護培植的幼苗，如今都已年近古稀，走過一世紀，經歷內憂外患，心中始終保留一個角落，放著親愛的蔣媽媽。

蔣媽媽關愛學生，幼苗得以茁壯。

為感念黨國菁英的壯烈犧牲，蔣夫人，蔣宋美齡在新婚燕爾三個月，一九二八年十一月十四日創立「國民革命軍遺族學校」，當年愛護培植的幼苗，最小的小蘿蔔頭，如今都已年近古稀，走過一世紀。經歷內憂外患，從戰爭中倖存，他們心中始終保留一個角落，放著蔣媽媽。

無血緣的媽媽比親生的還疼愛自己。恩比天高，愛比海深，怎能不發奮念書？

測試英文能力，負笈海外語言流暢

從小看到老，也聽慣「兒子」被上海口音喚成「引子」，一九九五年，兒子們到長島晉見百歲蔣媽媽九十七歲生日。這是一場歷史盛會，容貌和口音還是那般熟悉，坐輪椅無法起身，否則他們相信，媽媽還是會像以前一樣，總是慈祥和藹摸著孩子的頭，笑容可掬問，「牛奶好不好喝？」

更還是，滿懷愛心的用英文測試孩子的語言能力，希望他們負笈海外表達流暢，早點戴上方帽子以改善孤苦身世。留美博士何坤出國前夕向蔣媽媽辭行時，當場就通過考試，因有備而來，對答如流，完美表現贏得滿面慈愛及愛寵若驚的鼓勵，「這位學生挺好，英文也流利。」送給何坤一張簽名放大照片及八百元新臺幣治裝費，還殷切叮嚀著，「要為中國人爭氣，要做國民外交。」

國事如麻，唯有這一方母子相聚的瞬間，能暫時忘記煩惱。外面縱有風霜雪雨，媽媽就是孩子的避風港。

半個世紀再聚首，恍如隔世

蔣媽媽移居紐約長島後，移民美國的遺族學生倒是因地緣得以親見蔣媽媽慈顏。一九九五年，蔣媽媽九十七歲生日，各州校友在北美會長向厚祿的完美規劃下，四面八方前來祝壽，舟車往返費時費力，全體三十餘校友住在向厚祿家，書法厲害的校友寫名牌，手機尚未問世，有幾位負責打電話確認行程，女眷則下廚煮牛肉麵，家鄉的老味道，傳到全世界都沒變，這一天尤其有滋有味。

飯後喝茶聊天，徹夜長談，陳年往事此起彼落的被挑起，打著地鋪的一群老同學都捨不得入眠，都沒有忘記爬上卡車逃難是在大年初一的五點半。天還沒亮，南京下著大雪，天寒地凍，遠處不知是槍砲聲還是鞭炮聲，戰亂的驚恐和著酷寒，大家牙齒碰得喀喀作響。

學長帶著學弟，邁向風險難控的漫天烽火逃難旅程……。

半個世紀再聚首，恍如隔世，青絲已變白髮而面面相覷，似熟悉又陌生，每個人都難免在老同學的身上尋找自己或他人的幼年模樣。

自動自發苦讀，彌補戰亂停課

拜壽前夕，同學也紛紛回顧風雨飄搖的遷臺一九四九年。

那時節，蔣媽媽眼睜睜看著戰

一○三歲的蔣媽媽，福如東海。

火延燒到南京，天天躲警報，學校不得不停課，學生有的返回家鄉，有的留在學校無家可歸，可憐的戰火孤兒，做媽媽的，多想張開羽翼像母雞保護小雞呀！時勢卻有困難，「蔣媽媽後期到學校來看我們，常皺著眉頭，有煩心的事。」

遷臺後，所幸得到師大附中收容。五千個同學遷臺有三百多個，留在南京的多數受到文革波及，能僥倖存活，「最……最該感謝的，就是大家的媽媽，蔣媽媽。」這般雍容華貴，到學校來視察，卻蹲下身子，以白手套這裡摸摸，那兒瞧瞧。「有次是張學良陪著來。」校友紛紛爆料說，把視察當「療癒」，現代人愛用這兩個字，無異可描述當年蔣媽媽的心境。

三百位學生在師大附中受到短期教育，半年後，蔣媽媽將學生分配到全省，她發自真情的心疼學生的未來，「你們讀

對遺族學校訓話，要為中國人爭氣，多做國民外交。

軍校有公費，讀職業學校則比較容易找到工作，解決生活困難。」

許多學生特別有上進心，不甘提早進入社會，非自己掙個前程。也因此職業學校沒唸到畢業就轉去普通中學，為的是拼大專聯考窄門，「從來沒這樣用功過。」自動自發的苦讀，彌補戰亂的停課，遺族孩子終於遠離恐懼與不安的未知數，平安受完高等教育，走入社會。

眞情的心疼學生未來

回想一九九五年，終於盼到七月三日，美國國慶前夕，固定周四下午做禮拜的蔣媽媽，難得挪出時間，足足接見學生兩小時而未顯倦容，顯然是超乎尋常的疼愛這一群孩子。她很歡愉的形容，「時間過得真快呀，轉眼都有了二三代，兒孫滿堂了。」一聽到幾代人卓越有成，也特別高興的開玩笑說，「我這學校辦得不錯嘛！」老人家打自內心以孩子為榮，也在天倫之樂中，展開歡顏。

由向厚祿代表大家獻上玫瑰花和校友簽名的校旗後，還呈上《論中國經學》的巨著，四人一組，分坐左右向蔣媽媽報告求學過程，一一得到嘉勉與鼓勵。為感念再造之恩，向厚祿也報告卯足二十年之力獨自在錄音間完成《蔣夫人真實的一生》CD的過程，段劍瀛在臺灣負責打包郵寄，校友們紛紛捐款贊助。

那一時，將所有的感動與感念化為言語向蔣媽媽報告，都事前演練好幾遍，然而，面對本尊，都恨不得再流暢些，再多講些，多親近些。但時間飛逝，會見的兩個小時緊繃又緊湊，感覺分秒從來沒有這樣快的滑走。

這一刻，誰都不可能不激動。

八人組成的唱詩班，贏得蔣媽媽「I'm proud of you」、「You are the best」的讚美，這是給校友的美好禮物，即使只是一句英語。

校友獻旗，紀念一段亂世師生緣。

詩班唱起「奇異的恩典」和「有福的確據」，蔣媽媽含笑聆聽。

奇異恩典，甘似蜜甜，憐憫敗壞如我。
昨天罪中失喪，此刻有你贖回，瞎眼今可得見。
神聖恩典可敬可畏，除我憂驚困擾。
救恩有多寶貴，呈現到我面前，從信一刻可見。
無數艱苦，阻隔萬重，仍要跨險無變。
是你救恩領航，同渡此生穩妥，期盼天家相見。
同聚天家，高唱萬年，如日生輝常照。
頌讚感激不斷，時日永遠不缺，猶似新歌初獻。
頌讚感激不斷，時日永遠不缺，奇異恩典不變。

◈媽媽的味道，激起往日情懷

唱畢詩歌，宋武官端來下午茶，點心和茶飲，精緻可口，皇家規格果然不同凡響。已銀髮滿頭的學生又好像回到從前喝牛奶的美好時光，蔣媽媽又摸著大家的頭，柔聲問到，「好吃嗎？」

媽媽的味道，激起往日如牡丹般的絕豔情懷，當年，使用的餐具，從南京重現紐約，蔣夫人無論在哪個時空，儀式感一定做好做滿，絲毫不馬虎，一國之母的體面與威儀，再也無人可超越。

欣遇此生最大的驚嘆，大家為歷史性的拜壽而非常希望拍照留影，但宋武官顧及安全沒同意，由專任攝影留下紀念，後來校友陸續收到珍貴照片。此後一別，蔣媽媽年事日高，再也沒有相聚機會。

時光一去不回頭，蔣媽媽已蒙主寵召，留下的懷念與哀思，就像日月照撫大地，永恆的循環，……。

辦校

小檔案

為感念黨國菁英的壯烈犧牲，蔣宋美齡在新婚燕爾之際創立「國民革命軍遺族學校」，轉眼有了二三代，兒孫滿堂的媽媽特別高興說，「我這學校辦得不錯嘛！」老人家打自內心以孩子為榮，也在天倫之樂中，展開歡顏。

附中校長黃澂大發慈悲
戰火孤雛不再浪跡天涯

一九四九年遷臺後，遺族學生進入師大附中被編制為「二部」，經黃澂校長二部合一，來自南京的孩子才得以舖展一條正規受教育的路。貧寒子弟別無他途，也唯有靠讀書才足以改變命運，滋生美好希望。

一九五〇年在附中合照，時間比我們想像飛得快。

三餐難繼，衣衫襤褸的憂患歲月，師生朗朗讀書聲成為心靈的救贖，南渡或北歸，命運因此南轅北轍。一九四八年是遺族學校學生在南京最安心讀書的一年，同學熄燈後到操場練跑步，仰望天上的星星，升起無限希望之光，樹影婆娑伴著整齊的步伐，也呼應沒有饑荒、沒有戰爭、沒有恐懼，更不畏死亡的安定。

從南京展開遷移的旅程

「抗戰勝利還鄉，迎接我們的是殘破不堪的家園。幾張破板凳併成教室，冬天升旗冷到牙齒撞出喀喀的聲響。」留美博士李傳義回想湖北老家的淒涼，伙食極差，衣不蔽體，直到一位好心的老師為他向省教育廳爭取到保送名額，開始進入難以想像宛若皇宮的南京遺族學校。

附中校友溫德生指出，一九二八年國民黨中常會決議在南京中山陵附近創辦革命烈士子弟的學校，專門收容北伐時陣亡將士的子女，以及為辛亥革命肇建民國犧牲者的後人，取名為「國民革命軍遺族學校」。國共內戰爆發後，從南京展開遷移的旅程，遷往臺灣，在延平北路大橋國小教室地板上睡了三個月，方才擠入臺灣省師範學院附屬中學（今師大附中），校長黃澂大發慈悲接納學生，結束了浪跡天涯的命運。體育館安排有雙人床，回復正常上課，全體學生好高興啊。

一九五五年五月，蔣宋美齡感念一江和大陳島戰役中為國捐軀的烈士，為解決遺孤的養育和教育問題，在陽明山嶺頭創辦了華興育幼院；一九五八年又成立華興中學初中部，由於高中部在一九六九年六月才成立，因此初中畢業生有升學意願的就轉到附中繼續讀高中。

座落台北信義路黃金地段的師大附中，指標校舍尚未改建，依舊是那老派樓房模樣，南樓的尤加利樹已蔚然成蔭，接收日本人留下的州立台北第三中學校時，教室數量

師生共築有愛心的學校，老派校舍，綠樹已蔚然成蔭。

不很多，一九四九年遷臺後，一下子湧進這麼多遺族學生，變得十分擁擠。

針對教室不足，校方向安排學生來附中就讀的蔣宋美齡女士爭取經費，於是在校園的前後操場之間蓋了一棟兩層樓的教室，就是現在附中的舊北樓，如今它是校中僅次於西樓的元老級建築。

附中精神的奠基者

南遷後，臺灣幸運地經歷了千年難得一遇的「人才匯聚時代」，自中原各省流寓臺灣的一流人才，為數之眾、品格之高、成就之大、歷代少有。一九五一年，海南島失守、舟山群島繼陷，附中學生組織「反共抗俄工作團」投筆從戎，也接納先烈遺族、濟助義胞、捐獻救國等，不落人後。

這時期，國民政府經歷了失去大陸河山之痛，全力推動「明恥教戰」、「反省革新、雪恥復國」，附中的「新政」可視為這股大潮流的主力。被稱為「附中精神的奠基者」黃澂此時執掌附中擔任校長，將「人道」作目標，以「健康、科學、民主、愛國」，接納了南京遺族學校遷臺無父無母的學生，為他們重啟教育，改寫未來。

黃澂是湖南長沙人，生於一九一六年，中央政治學校就讀時，以砂石「八寶飯」裹腹，再清苦也帶頭鬧學潮，對不合理的事情毫不妥協。轉入《未央歌》如詩故事的西南聯大時，正逢大陸政權易主，便舉家來到臺灣，一九四九年以三十三歲的青壯之年出任附中校長，年輕有為，眾望所歸。

大環境籠罩在威權統治、反共抗俄的緊張氣氛下，「附中只培養英才，不培養奴才。」這位流亡校長嚮往的學人是孔子，配劍、飲酒、執玉革、帶深衣，弟子們習禮、彈琴舞蹈、手執武器，向老師請教從仁孝到商兵農政等各種問題。

青青校樹，漫漫芳草，遺族學生在這裡成長。

兩部學生隱形競爭

遺族學生進入師大附中，被編制為「二部」，等附中學生白天上完課，才挪出教室給遺族學生，形同「夜間部」。如此特殊的分野，也讓兩部形成隱形競爭。來自軍人家庭的遺孤，同生死共患難，接到老師交代的功課就團結的一絲不苟交卷，壁報用鋼筆仿宋體一筆一畫工整寫下來，搭配精美圖畫，讓一部同學羨慕到晚上偷偷拿走。

年少不識愁滋味，二部同學不以為意，隨偷隨補，總認為大家同校，應該相親相愛不分彼此，還組籃球隊，貼海報向一六八以下的同學挑戰。後來黃澂校長將二部合而為一，以遠見為來自南京的孩子鋪展一條正規受教育的路。

黃澂善行無數。一位同學一九五三年畢業離校，分配到異常艱苦的鳳山軍校受訓，正在發育又受重訓而營養不良，日漸消瘦，雖然吃下七八碗飯，因油水不足，轉眼又餓。同學就代他寫信向黃澂求援，十天後公文抵達，破例重回師大附中，自此和許多同期的落遺族文武殊途。

面對怎樣的困難，都不要怕

蔣夫人來附中看孩子，因正值河山分裂，和平美夢破碎而滿懷愁緒，半晌說不出話來。許多學生記得夫人久久難以平息的哽咽，「你們像我的親生兒女一樣，我會盡全力照顧你們，無論面對怎樣的困難，都不要怕。」受教育而成為有用的人，為國家服務。

夫人的勉勵不離這範疇，多數遺族孩子也都做到了。

人之所以為人有三個條件，一是安全，二是尊重，三是愛與被愛落難，孤兒當時全部沒有。從商的許益彰回憶，「所幸天無絕人之路。從附中被分發到竹中畢業，去台北參加聯考，身無分文，由曾經教過自己的導師向附中教師福利中心預支。」到了台北困住學校樓梯下，導師再度於心不忍，出錢讓他跟學生一起包伙，條件是以後要教孩子們功課再回報社會。

遺族學生從艱苦中奮發圖強。據溫德生所知，籃球國手及體育主播傅達仁曾經就讀初中部，後來在法商學院畢業；歷史老師及前校友會總幹事江克成初一時來附中寄讀和唸到高中，師大歷史系畢業後回校任教，兩人都是南京遺族學校轉到附中，身分證上的父母欄上寫的是蔣介石與宋美齡，皆是感恩的人。

《附友季刊》也刊載，附中高材生習賢德來自華興中學初中部，輔仁大學大眾傳播學系第一屆畢業，台大三民主義研究所博士，曾任聯合報菲律賓特派員，輔仁大學傳播學院副院長。他是空軍遺族，畢生研究空軍文史，《鷹揚台海：中華民國空軍血淚史》是他的遺作。

◈貧寒子弟靠讀書，改變命運

梳理一九四九登島的蒼涼心緒，談到師大附中曾是繼續完成學業而成為國家棟樑所在，校友李志文也不禁想，這學校也難免老態龍鍾了，從遷臺到現在，轉眼近八十個年頭飛逝……。

歲月悠長卻分外親切，附中助學子苦讀出頭人生，在舊年代非常順理成章，貧寒子弟別無他途，也唯有靠讀書才足以改變命運，滋生美好希望。

李志文也曾回母校看看，信義路三段的路樹在晚冬落葉成枯枝，等待冒出新芽，學校巷邊新建築不多，更添懷舊，校舍保持灰撲撲原貌，不改讀書人應有的樸拙本份。「同學都在當年奮進。生活那樣清苦無依，卻非咬著牙跟城市青年拼聯考，得到公平的競爭與立足。」憶起過往、無限感慨。

輯二

南遷的遺族學生

年輕時奮鬥向前
年老時喜樂再見

傅達仁

以籃球國手、教練、廣播及電視主持豐盈「四生」，傅達仁在南京遺族學校練過籃球，到臺灣如願考上法商學院社會系，代表學校拿過兩屆全國大專籃球聯賽冠軍，因為跳得高，在體壇外號「猴子」，人人搶著要。

傅達仁身經百戰，奧運開幕現場轉播。

逆境與巧合，都足以掌握縱身翻轉機緣，被南京遺族學校教育成材，這是如天堂賜的福份，而危在旦夕時，又千鈞一髮安然度過。

難怪傅達仁總自嘲說，別人過一生，自己以籃球國手、教練、廣播及電視主持豐盈了「四生」。遺族學校中文老師曾在課堂教他讀過李白的《夜泊牛渚懷古》：「牛渚西江夜，青天無片雲。登舟望秋月，空憶謝將軍。余亦能高詠，斯人不可聞。明朝掛帆席，楓葉落紛紛。」

紅透半邊天，打開電視都是他

這堂課影響深遠，讓他感受到韶光易逝不留情，無須在意一時的勝敗得失。雙親早逝的孤苦流浪兒，因遺族學校栽培，不可思議竟然成為春晚第一位如偶像被追逐的臺灣記者，此生實已無憾。

「哇，你是臺灣那個評論員！第一次回去，我一上那個飛機都是山東人打招呼，」怎麼樣，你好不好，要不要喝水啊，都是山東話。一到濟南，傅達仁更嚇一跳，山東電視台攝影機早等著。「哎呀傅先生，我們知道你回到家鄉，我們歡迎你回來，你說幾句話吧！」

他不免好奇問邀請單位，「你們怎麼會找到我咧？」「我們就到處打聽啊，坐火車也打聽、坐飛機也打聽現在臺灣最火的人是誰，」一九九一年，的確紅透半邊天，打開電視都是他這位籃球巨星。

入境隨俗的，傅達仁在春晚用山東大實話逗樂觀眾，連市長都站起來鼓掌。「槍聲一響，第一名在最前面，第二名跟著第一名，第三名跟著第二名，最後一名在最後，」雖然廢話連篇，卻是當時苦悶群眾

回山東老家探親，是春晚邀請的第一位臺灣記者。

衷心追求的氛圍，輕鬆搭起兩岸橋段。

回憶如潮，傅達仁心中的故鄉曾經如此美麗，「星垂平野闊，月湧大江流，」但是，一個無家可歸的流浪小孩，哪顧得上平野及大江？只求逃過日本鬼子刺刀的傷害，就是萬幸。

一九四五年傅達仁被收容進入遺族學校，是因為父母雙亡而無處容身，所幸學校給了公平的考試機會。陣亡將士高達三百八十萬之多，學校每省限額卻只招三五十個人，名符其實的「窄門」。

傅達仁父親傅忠貴官拜少將司令，率領部隊抵抗日寇超強侵略武力，「明治維新就換了武器，我們卻還在練用大刀和盒子炮、槍啊，打了一次就要再裝上一個子彈。人家是機關槍咚咚咚掃射，還有飛機投炸彈，」大刀對付飛機大砲，怎麼打？

傅忠貴率領弟兄晝伏夜出，白天藏在山溝，晚上摸日本人軍營搏鬥。在傅達仁四歲毫不無記事的一九三八年，傅忠貴陣亡於大掃蕩，所屬部隊千萬白骨也無辜犧牲，永埋他鄉。

爲國捐軀的抗戰英雄

母親更從未謀面，一生下自己就難產過世，傅達仁感嘆，「命運擺弄，奮鬥到現在不能說有很大成就，但沒有丟爸爸的臉，將門虎子可以擔當得起。」

受訪的這一年，傅達仁八十五歲，他回想起自己來到臺灣年僅十五，正在抽高長個子，「那時哪有忠烈祠，一九六九年才開始蓋，蓋好開放登錄陣亡將士，」單位來電話詢問，「你爸叫什麼名字？」「叫做傅忠貴少將。」

球賽轉播的風雲人物，戰績輝煌。

雙方核對上，讓遲了二十年的家祭在圓山忠烈祠舉行，全家列隊隨憲兵踢著正步到武將館鞠躬，子孫至此方才知道祖先是為國捐軀的抗戰英雄，烈士遺族的過往什麼苦都吃過，練成銅牆鐵壁。

戰亂四起，大媽叔叔都逃往鄉下避禍，老家空蕩蕩，讓他這無依無靠的孤兒提早長大，「親戚老太太開了一家旅館在濟南，收留了我。」就在煮給全旅館吃飯的大鍋旁邊，簡陋弄了一床棉被睡覺，朝不保夕，破棉襖抵不住冬日刺骨寒風，卻還是戰戰兢兢往濟南上學，未斷求知的路。

寄人籬下本要低頭，傅達仁不敢大意，哪想到再小心也撞牆。有天早上，無意間闖見旅館千金和茶房不規矩，正想脫身，任性千金抓起柴火劈頭打下來，打得滿身是血，「就向外逃，逃不掉，」千金插上門叉，外面有人敲門也繼續狠打。

流浪之苦一言難盡，他因思鄉心切，跟隨一位老鄉走了百里路回到長清縣，才終於暫緩身心折磨，重回大媽身邊而停下漂泊。輾轉住校，以麻袋當眠床，第二天再換地方苟延殘喘，直到抗戰勝利，「先是楊寶琳在濟南成立抗戰烈士遺族學校，一年後，蔣公和蔣夫人在南京成立國民革命軍遺族學校，替國家打仗而犧牲的將士撫養無家可歸的孩子。」

孩子必須要養大成人。政策這樣訂下來，卻苦於陣亡將士高達三百八十萬之多，傅達仁無異是跨過窄門的幸運兒，「考取入學，等於到了天堂一樣，制服外，憑帽花坐公車都不要錢，初二到初三享受了一整年的歡樂時光，學校還養母牛，早上能喝到牛奶。」

◈沒爹沒娘始終孤軍奮戰

傅達仁人高馬大，歸功於那美味早餐，只不幸國共戰爭敗了，再輾轉逃難，牛奶不但沒得喝，還只靠沒壓掉外皮的穀子配一片紅糖填飽肚皮，「沒餓死，已經算不錯啦！」刷啦刷啦的吃飯聲響，在當時像穀子交響樂一樣。

搭上四川輪來到老師曾經描述的「雞蛋糕」三港口基隆、淡水和高雄，一無所知的把青春投注在熱帶島嶼，以一塊大銅錢買來香蕉，用報紙小心蓋著，啷噹啷噹分配到台北大橋國小暫時棲身，泥巴地上搭起草皮與草蓆當床，撿拾菜市場葉菜充飢，不但勉強活了下來，還身強力壯。

讀南京遺族學校練過籃球，到臺灣未忘球癮，傅達仁常到新公園打球。他記得，趁沒人的中午時間去，破籃框東倒西歪，太熱要喝水，水槽的銅水龍頭也被偷，只好摘一片樹葉插進洞裡翹起來喝，「這就是我們過的青少年孤兒克難生活，」沒爹沒娘始終孤軍奮戰，拼命念書打球練身體，不知不覺就練成一座山似的體格。

好動的傅達仁先是組小皮球球隊，南征北討，球藝大為躍進。「學校只有一個牛皮籃球，時常被高年級學生霸佔，有一次，趁著高年級漏接球，順手接過手投籃過過癮，」卻被大聲喝斥，使得傅達仁再也不敢搶球，轉而找十二個孩子另外組隊練習，反而球技大為精進。

來到臺灣填寫入學志願，他認為自己熱愛美食，就填了「農產製造業」，因而被分發到屏東農業學校組成「屏農籃球隊」，南征北討、戰無不勝，奪得屏東籃賽冠軍。抱定要報考大學乙組的決心，傅達仁決定轉到以籃球聞名的「文山中學」，以精湛球技成為風雲人物，寫下體壇活歷史。

如願考上法商學院社會系，代表學校拿過兩屆全國大專籃球聯賽冠軍，因為跳得高，在體壇外號「猴子」，中鋒、後衛、前鋒都能打，這隻猴子人人搶著要。

◈戶長是蔣中正先生

血氣方剛的少年，打球也打架，憲兵抓人，看到他的身分證上戶長是蔣中正吃了一驚，打電話查證竟是真的，「回去吧！快回去吧，」趕快把人放掉。

籃球改變了傅達仁命運。初中冠軍，高中冠軍，大學又是冠軍，打到籃球國手，各界紛紛挖角，不但有飽飯吃，還成名了，一生等於活了四生。

「雖然沒有薪水，選上中華籃球國手以後吃住都解決了，住在三軍球場，每餐大魚大肉，身體自然棒啊。」三屆亞運報

籃球轉播如日中天，讓全台觀眾記憶他獨特的聲音。

捷，東京拿到銀牌，傅達仁一帆風順的去美國學到最新的教練術，「幾乎沒有輸過，劉俊卿、吳建國、江海平、王承先、陳恩鐘這些國手都是我教出來的。」

奪冠的裕隆隊成立，首位教練也是傅達仁，轉到飛駝隊又拿全國冠軍，到馬來西亞當國家教練還把中華隊打敗，創造了歷史紀錄。「籃球場不講情份，只講輸贏，拿人家薪水就不能輸。」

電視還沒普及的廣播黃金時代，收音機聽眾猜獎明信片疊得像一棟樓這麼高，台長搬梯子上去抽獎，超級壯觀。然後電視開

回到老家，景物已難復見。

播，傅達仁的籃球轉播如日中天，一甲子下來，不NG的轉播少棒，讓全台觀眾記憶他獨特的聲音，「壞壞壞，連三壞……強力滾地打，結果游擊手接到轉身迴馬槍快傳二壘，再傳一壘，雙殺出局。」此聲猶響在時空中。

◈成就國手兼教練的雙打輝煌

「球來得好快，像司馬懿兵臨城下，快步上籃、得分。」……特殊的術語，火鍋、陽春全壘打……成就傅達仁國手兼教練的雙打輝煌，報新聞、播新聞、報體育、報氣象外，主持《大家樂》入圍金鐘，《金氏世界紀錄》收視率屢創新高，美食節目《美食達人小潘潘》播了兩年，單元劇《台北超級市民》及《東華春理髮廳》也完全符合不NG的電視人生。

傅達仁總說，自己一生有四個人生，籃球員人生、教練人生、廣播人生、電視人生，談詩作畫也有可觀成績，他搖頭晃腦吟起，「水，不能流出他的清澈；歌，唱不出他的迴旋。」

就一個孤兒做到這種程度，感謝讚美主耶穌。「父親英雄，兒子好漢，愛國家愛運動、唱歌、樂器、演講與語言，隨便學都是十項全能，哪個武器拿出來，一生都吃不完。」傅達仁終身奉行，人生要多學多做，雖然現在做不動了，有一點時間也可以去做。「我的Slogan兩句話，年輕時奮鬥向前，年老時喜樂再見。不要綁在床上痛苦地走，OK。」

傅達仁

小檔案

一九三三年出生於山東省濟南市，父親傅忠貴是國民革命軍少將，幼年就讀革命軍遺族學校，主持人、體育主播、氣象主播、體育記者、籃球教練、籃球運動員，中文籃球術語「火鍋」、「冷箭」和「騎馬射箭」，「壞壞壞，連三壞」、「三不管地帶的安打」是他播報籃球和棒球比賽時的金句。

帶著南京的絢麗多彩走天涯

霍剛

從南京遺族子弟到米蘭藝術大師，霍剛的人生是一場奇幻漂流，按照自己的興趣及個性前往海外取經，沒有條件就創造條件，「行者常至，為者常存」，以「不為物使，不受利誘」走出自己奇幻的路。

東西相融的禪意，為華人幾何抽象藝術先鋒。

二〇二四年三月開春，霍剛《再遇．歸來》個展在南京展出，他在此地度過十一歲前的少年時光，猶記得，故鄉是一片無人曠野，朔風野大的離別前夕，榕樹葉子枯萎，風雪已臨：「我站在陽台上看人放風箏，小時候穿著亮麗的服裝，家鄉廟會上供奉的菩薩和金剛，它們都有一樣絢麗的色彩，這色彩深刻影響著我的創作。」

在南京、米蘭及臺灣三個城市移動，完成獨樹一幟的千秋藝境，霍剛的人生哲理是，做一點算一點，做兩點算兩點，將一切不可能變成可能。「沒有條件就創造條件，窮困的孩子懂得行者常至，為者常存。」在戰爭與和平的間隙中，雖然人生遭遇陷落，躲空襲逃難，但崛起於戰後七十年代的霍剛，融古為今，以西潤中，各方探究其敘事豐富的底蘊，打造一座新舊銜接的天梯。

開創專屬霍剛式的抽象語彙

霍剛是十五歲進入南京遺族學校的，度過青少年的金燦時光。父親霍道成在軍政部擔任文職，祖父霍秋崖是家鄉著名書法家，傳授了絕活，讓耳濡目染的霍剛將中國文字、金石章法結構與線條還原成基本的造型元素，以點線與色塊轉換，開創

才華出眾，學生時代已嶄露頭角。

專屬霍剛式的極簡抽象語彙。

「我從小就喜愛塗塗畫畫，幼時常看祖父寫字，」本應跟著家傳而發揮藝術天賦，但遠方的炮彈擊碎了青春，父親過世後，媽媽竭盡所能四方奔走，將他送進學校接受教育，「因為大難臨頭，共產黨比日本人還難對付。」

南京遺族學校是他這輩子最美好的回憶，也是最感激的事情。

◈登台表演有模有樣

有一天，聽到同學在操場大喊，「蔣媽媽來了。」下車後，第一句就問團團圍住的同學，「你們都好嗎？牛奶好喝嗎？」一眼瞥見霍剛衣領風紀扣沒扣好，便幫他扣好，讓他害羞得滿臉漲紅。

到晚自習，蔣媽媽又再度來到教室巡視，請同學站起來練習英文。

進入學校的頭一個除夕夜，校方規定凡是家住南京且有家人接送的同學可回家，「媽媽來接我時，訓導處主任留媽媽下來與同學聚餐與觀賞除夕同樂晚會。」當晚，霍剛第一次開嗓上台唱了平劇，掌聲如雷。

霍剛說，平劇身段與唱腔其實無師自通，只是聽到綢緞莊學徒天天吊嗓子唱《借東風》，聽久了就耳熟能詳，台詞則到書裡找來學習。初登場就有模有樣，一如他每件事學來，都要求完美。

台上引吭高歌唱著，眼光繞向媽媽。「媽媽感動說，你們學校的一切實在太好了，你若不好好念書，怎對得起你爹。」媽媽教給他的愛，是宏觀而無庸置疑的。

人生在世上要爲兩個我

一九四八年四月，蔣中正當選第一任大總統，就職典禮當天，學校挑選二十個幼班同學及女童子軍前往官邸祝賀，健康聰明伶俐，個頭嬌小可愛的霍剛也在其

為社會培養幹才，入學念書是最美好的回憶。

中，穿新皮鞋，以童學帽與配戴童軍短刀，全副武裝很神氣。

典禮當天也見到蔣媽媽宋美齡。她要副官帶大家到書房參觀，房裡頭放滿報紙、文具、書及字畫，書桌乾乾淨淨。「感覺校長嚴謹，平時又用功。」參觀後享用西餐，蔣中正餐中訓勉大家好好念書，又說了做人大道理，「人生在世上要為兩個我，小我跟大我，要能犧牲小我完成大我。」

霍剛說，求學兩年，從師資到所有設備都是當時最好的，讓附近的政治大學學生都

旅居米蘭，成為華人幾何抽象藝術先鋒。

羨慕不已。「學校有農場、游泳池、甚至還有牛奶場，蔣夫人她常常不定時來巡視學校、探望大家，第一句就是問我們『牛奶好喝嗎？』」在戰亂時，學校提供了一個超級良好的讀書環境，所有學生都很感激國家的栽培。

一九四九年，戰火逼得學校南遷，媽媽再捨不得，都堅持霍剛跟著學校走。遷到廣州時，謠傳學校將解散。寫信回家問媽媽。「媽媽說，只要學校還有一個同學在，就不准回來。」那時深刻體認，世界上既柔軟又剛強的，就是母親的心，那不捨與愛，全部澆灌在正求學的霍剛身上，足夠的力道強勁，抵達日後的團圓。

如願以僑民身分回到南京

南京夏日揮汗如雨，冬季則白雪皚皚，六朝金粉的況味盤旋心中。移居米蘭期間以海外僑民的身分回鄉探親，見到了老母親和兄弟姐妹，也彌補了心中常埋的遺憾。「這也是我毅然出國另一個重要的理由。」一九八七年如願回到南京，弟弟來火車站接他，累積了三十年的眼淚流個不停，十大件寄放火車站，行李領出來也不輕，霍剛當時想，叫個車吧！但弟弟為省錢已買好公車票，一毛錢一張。

一進屋，滿滿都是親戚和鄰居在等待，彼此深深凝視，尋著記憶，核對長相，一時之間也叫不出名字，但充滿激動與歡喜。

媽媽從以前祖父住的房間走出來，扶著八仙桌問，「吃飯了沒？」這時是晚間七點光景，飯菜在爐火上熱著。「先讓兒子吃飯，吃完再聊。」

一九八七年的南京，灰暗清冷，霍剛說，整條街幾乎都找不到像樣的店面，許多小賣舖和住家連在一起，童年還有印象的霓虹燈也消失了，四處落後暗沉。

倒是弟弟有心，為霍剛找來無線

回到南京，再度擁抱白髮媽媽的愛。

天涯海角各一方，期待與親人團圓。

電專長的堂哥把家裡的二十燭光換裝一百燭光，滿屋透亮。「抗戰勝利後，我家是第一個裝日光燈的。」往昔的榮光亮在心頭，霍剛返鄉那一個月，全家人用盡全力為他佈置了溫暖的家。三十年後再團圓，真的像作夢一般。

◈東方畫會八大響馬之一

家庭和學校給予霍剛雙重啟蒙，南京遺族學校美術教師俞士銓傳授寫生與透視原理，來臺後由師大附中轉進台北師範學院藝術科，幸運的受教於李仲生門下，激起他豐沛才華，一九五三年推動戰後兒童美術教育，促成全臺首個國民學校美術教室。

霍剛討厭墨守成規，喜歡創造性的新潮因而選擇出國進修，「當時的畫壇，不用我說，稍對國事與藝事關心的人都瞭解，政府遷臺不久，百廢待舉，忙於反攻大業，一切以軍事為主。」少有閒暇顧到文化藝術，學畫的人都很辛苦。

一九六四年春天，隻身前往歐洲追尋藝術自由，短暫停留巴黎後轉往米蘭，霍剛在《校友通訊》寫到，「西方的政治法比較邏輯化，且要求原理法則，」他感到西方的世界活潑、年輕、新奇，西洋美術史的創業精神，讓自己由衷敬佩與追隨。

異國闖蕩成了藝術家的選擇

「出國幾乎是悲壯的，成敗難以預估，除了簽證不易，經費也非常困難。」這樣捉襟見肘，還是堅持到外面看世界，是因為當時臺灣對現代藝術接受度低，創作難以找到支撐的資源，也欠缺發表環境，「到異國闖蕩成了藝術家的選擇。」戒嚴時期想出國困難重重，「雖然我是後備軍人，僑委會也要求填寫保證人，團管區的人還跟我說，『當兵你要回來喔，反攻大陸你要回來喔』！」

帶著工作十年存下來的微薄積蓄、稿費，加上朋友的幫忙，湊夠路費就出國遠赴重洋。初抵米蘭，一切陌生如瞎子摸象，慢慢適應，「說實在的，我心裡還是很惶恐，似乎一切都在冒險犯難，可是，為了藝術，只好出外闖了。」出去以後大開眼界，「我發現抽象的東西更能夠表現自己，抽象就更自由了。」異鄉創作，顯見中國人詩意淡雅的情懷，中國文字的根基結構，水墨線條和東方的空間概念。

學成報效社會，各地輔導美術教育。

霍剛強調，學習是自己的事，應該按照自己的興趣及個性，沒有條件就創造條件，「行者當至，為者常存」，做一點算一點，做兩點算兩點，絲毫不需勉強。「不為物使，不受利誘，」霍剛走出自己的路，成為遺族學生中藝術類別的至高成就。

一切都是順其自然的晚婚

移居米蘭五十年，交到許多教學相長的好朋友，姻緣來得晚，卻來得好，上天把最好的留到最後。二〇一二年，霍剛已到八十二歲之齡，從米蘭回到台北藝術村駐村，兩年後結識萬義曄，年齡差距三十二歲卻一見如故，「小萬」投注悉心的照顧，從此靈魂的契

精神與宇宙相結合，趨向永恆。

合讓一切安好甜美。霍剛以古語舉例：「知止而後有定，定而後能靜，靜而後能安，安而後能慮，慮而後能得。」家庭生活帶給藝術家前所未有的安定感，讓他能夠自然、愉悅而沒有包袱。

這是他第一次婚姻。如同既往的人生態度，夫妻相處也順其自然：「我沒想過那時候幾歲，只是遇到喜歡的對象，就結了。」婚後因小萬不願定居米蘭，霍剛攜妻遷回臺灣。無論在天涯哪一角，他以數千古典音樂唱片為伴，創作不輟。從神祕之無限空間拓展，使人本精神和宇宙相結合，趨向永恆。

霍剛

小檔案

一九三二出生於江蘇南京，排行老大，十五歲就讀南京遺族學校，祖父為著名書法家，耳濡目染下，練就一代藝術大師。一九五七年與畫友成立東方畫會，為臺灣現代藝術先鋒，移民米蘭五十年，目前定居在台北，持續創作。

從動亂到棟樑 拉開分界線

閻沁恆

受書香世家薰陶的閻沁恆離開山西時十六歲，閻錫山部隊瓦解，太原被徹底包圍。進入遺族學校最高班級求知，青春期得了群醫束手無策的怪病，滋味分明的人世滄桑，更讓他認清靠父母不行，靠運氣也不行，要靠自己。

曾任政大歷史系所長及教務長，見證化南新村興衰。

「媽媽來囉！蔣媽媽來抓人囉！」一群小蘿蔔頭聞聲四處東竄西跑，深怕跑不快就要被逮進教堂做禮拜，枯坐幾個鐘頭，這可是一件苦差事。孩童喊的蔣媽媽，就是蔣宋美齡蔣夫人，當時擔任南京遺族學校校長，見到孩子展露無限慈輝，「我做的最成功一件事，就是辦學校。」蔣夫人總這樣讚嘆。

書香世家，父親擔任縣長

來自山西沁縣的閻沁恆正是其中逃得飛快的毛小孩。他一九三〇年生，堂叔是國民大將軍閻錫山，父親一九四四年抗戰中壯烈陣亡，「七七事變後，山西跟日本軍隊正面交鋒最激烈，是我們國軍的犧牲最多的一個省份。」父親由文職人員變成武官，避不開砲火而因公殉職。

深受書香世家薰陶的閻沁恆說，父親連任三屆縣長，縣衙門在舊社會恍若宮殿般氣派，大城市有小城堡，「當年高中畢業就了不起，我父親師範畢業，因高等教育發展緩慢，無法銜接地方建設，因此不上講台教書，被派去負責行政。」從小像是住宮殿，遠遠的偷看縣長在軍閥割據時代嚴懲「煙賭贓欺」民間四大罪犯，更視管教嚴格為理所當然的家規。

「不在本縣當父母官」是清朝官場留下的傳統，閻父因此從最窮的縣做起，抗日期間以上校官階管理後勤重要的軍公教物資，當時國民政府、日本與白手起家的共產黨三方面，都卯力搶物資搶得兇狠，「可以想見父親的疲於奔命。」

就記憶所及，雙親從小並未看好自己，「這孩子日後沒出息，」伶牙俐齒，後來當外交官的同父異母哥哥反倒被用心栽培。這讓閻沁恆很小就明確認知，苦學才會有出息，遷臺後稍稍借書溫習就輕鬆考進台大，讀歷史系也旁聽英文系，周日去教堂和外國人對話再扎根外文，中英底子都強，聽說寫樣樣出色，也才有政大教職上的巔峰發揮。

太原被包圍，投射近距離炮彈

一九三七年七七事變後，「山西跟日本軍隊打仗最激烈，是我們國軍犧牲最多的一個省份。」赫赫有名的堂叔閻錫山有段「消滅二十萬共產黨計畫滑鐵盧」的往事，閻沁恆說，抗日結束日本人投降後，堂叔留下日本少將擔任顧問，裝備充足的坦克車及機關槍大砲也運達，磨刀霍霍，準備一舉殲滅共產黨。

原先勢在必得，卻因「堅壁清野」戰略得逞，讓閻錫山意外吃了敗仗。共產黨實在狡猾，避開兩軍交手的戰線而讓國民黨誤以為對方毫無準備，殊不知，共產黨將老百姓和牛馬全部撤退得一根草都不留。敵方前進一步，自己就後退一步，「到後來，閻錫山部隊前進後退都難以動彈。原判斷共軍棄甲投降跑光光，絕對勝利，不只山西，全國共產黨必也一蹶不振。」

何曾料到「堅壁清野」這般厲害。閻沁恆離開山西時十六歲，街上看到貼在布告欄上的報紙，狀況內的明白閻錫山部隊武器與地方都早已丟光光，太原被徹底包圍。沿路都是近距離炮彈，還打到飛機場。

頂級享受，就像上了天堂

大陸變色前，山東與湖南從軍最多，山西省則分到十個遺族入學名額，閻沁恆之所以因父親逝世後輕鬆考進南京遺族學校，是因從小就讀書有超高天分毫不吃力，總是考一百分的試卷經常被老師掛到牆上大大表揚外，還歸於遠房叔叔在警察局工作，疼學生的教育廳老師得知招考訊息，就麻煩這位叔叔通知閻姓兩兄弟，「功課表現好，我對他們有印象，父親過世也符合孤兒入學資格。線索應該有，姓閻的不多。」老師這樣用心，才給予戰火孤雛重生良機。

「從小學五年級就跟哥哥同班，同班到大學。」內戰傷亡造成遺孤萬般無助，「我們兄弟從戰亂地區跑到南京，簡直是像到了天堂生活一樣，當時是最棒的學校，建築物壯觀，面積很大，讀書環境也很好。」閻沁恆回憶，冬天有棉襖，夏天有涼衫，早餐是饅頭稀飯和一杯鮮牛奶，喝下高尚的生活水準。

不准學生寫白話文的優質老師更是京滬第一流，「在這樣的條件下，還不好好讀書，那就是自己不對。」閻沁恆記得校園四周都是鐵絲網，門口站有憲兵，「學生因為滿意校園生活，很少外出，長輩到學校來帶，學校才放行。」出操跑步與行軍，還有二三十把獵槍每天練槍，讓政治大學及中央大學很羨慕，比父母照顧得還好，父母都沒有辦法給。「戰亂當前，民不聊生，居然還有頂級享受。就像上了天堂，蔣媽媽比自己親生母親對我們還照顧。」

戰火孤雛變成教育家，翻轉命運。

大年初一，走上南遷之途

閻沁恆進入遺族學校最高班級求知，直到浩劫來臨、烽煙四起，當兵人數最多的山東與湖南同學，因為路途不遠而陸續返家避禍，只剩他和哥哥因家鄉山西路途迢迢，無處可去。

此時，南京城暴民飢寒交迫，開始四處搶糧搶東西，社會秩序已經大亂，警察管不了，一大群工人拿著棍子棒子，無視法紀來搶遺族學校的毛毯白糖等珍貴物資。「結果，我們就把平常上軍訓的打鳥獵槍拿出來，我們受過軍訓啊，把這批搶奪物資的工人，打回去。」

眼看共軍渡江而上，國民政府正規軍隊已被調走，老百姓搶糧，街頭維護秩序的警察也不見了，「過一天算一天，只好自己想辦法往南逃難。」

午夜夢迴，還記得家鄉那場大雪，大地披上一層銀妝，戴上新買的瓜皮帽，踏著靄靄白雪去拜年，母親在瑞雪中，笑得燦爛。而一九四九大年初一，閻沁恆兄弟卻被迫要和同學走上南遷之途，大家商量妥，天真的把遺族學校校務主任全家關押起來，要求主任帶大家往南走。「學校當時儲備有很多糖和槍枝，可變賣換錢。」

有錢，才可雇用到日本人留下來的二十輛卡車往南行。

一行人浩浩蕩蕩上路，學生畢竟年輕，不知天高地厚，居然還有心思邊逃難邊遊山玩水，在杭州就玩了一個月，明媚的山光水色，到現在還迴盪在心中。

以同等學歷考上了台大歷史系

等戰事一緊張，追兵已至，大隊人馬又趕緊從杭州逃到江西坐火車，車廂想擠都擠不進去，滿滿的車頂上都是人，學長拿著那二十幾支獵槍守住列車門口。「暴民就不准他們上來，保護我們走走停停，耗費十三天才開到廣州。」住在廟裡幾個月，閻沁恆不禁嘆息說，人各有命，這句老話在戰亂中最為貼切。「當時南京政治大學隨著我們的逃難路線去重慶，往後被關在鐵幕受苦，而遺族學校學生選擇從廣東到臺灣，反而吃到傳說中的香蕉，和平半世紀。」

渡海南遷的一九五〇年，閻沁恆徹底明白「功課好才出人頭地。」總共唸七年書，一半運氣，一半實力，遺族學校滋味分明的人世滄桑，更讓他認識社會國家的整個局面，靠父母不行，靠運氣也不行，要靠自己。班上有十三個高二學歷的同學，大陸流浪一年，後由遺族學校發給一張在學證明書，來到臺灣被師大附中收容，五位同學以同等學歷考上了台大歷史系。

青春期營養不夠，個子卻突然竄高而得了群醫束手無策的怪病，腸胃不好，還肌肉萎縮，閻沁恆念台大時體重掉到三十三公斤，像個小學生似的蒼白瘦弱。白天有戶外活動到處跑還撐得住，到了晚上神經痛發作徹夜難眠，整個人接近崩壞狀態。

難以回報的手足之愛

人生波折多，有足夠的勇氣才能繼續走下去，在疾病面前尤其無助。醫療不發達，醫藥也缺乏，窮學生孤立無援，青春耗盡，看不見曙光。

比愛自己更深的愛，這一生難以回報的，是血脈相連的手足之愛，每夜無法成眠而虛弱求救：「怎麼辦？」手足獻出了關愛幫助他求生。矮小的哥哥為錢奔波，竟像大力士般發揮神力，救出奄奄一息的閻沁恆。他記得，參加師大附中臺灣省高中論文比賽奪得第一名，這是至高無上，不得了的榮譽，自己卻腳痛到不能動，只好由哥哥去代領派克鋼筆。

也是命不該絕，有位醫務室老師配了美援維他命給閻沁恆，叮囑他，這藥吃好最好，萬一沒好，也沒害處，反正壞不了。結果，竟然一天比一天減少疼痛。「老師還強調，打針比吃藥快。」心急如焚的哥哥到處借錢衝去衡陽路上海大藥房買來維他命，讓他奇蹟康復了。如今銀髮逆齡，住在熟悉的政大生活圈，早晚在山林中吸納芬多精，健康的迎向九十五歲生日。

溫文儒雅，具教育家風采

命運牽動，一九四九年老蔣發起搶救大陸學人行動，胡適、傅斯

以豁達寬容，安享晚年。

年、梅貽琦等大師在島嶼一展長才，反觀留在大陸的多位大師，如陳寅恪都遭到迫害。「感謝臺灣，很慶幸這一生從事教育工作。」閻沁恆回憶，初進政大擔任講師，住進十三坪窄小宿舍，當上歷史系系主任，都還窩居在此。

直到李元簇當上校長前來探視，才分配給閻沁恆兩層樓的比較像樣的主任宿舍。自認一生從沒主動要求過任何事，感覺人緣不錯，學問也扎實，愛讀書又能教書，國家給予的照顧和尊重都非常足夠。「我對這個世界和自己，都很寬容。」身材頎長，溫文儒雅，閻沁恆天生就具教育家的風采。

閻沁恆 小檔案

一九三〇年生，祖籍山西沁縣。父親閻韻珊為閻錫山同宗族堂弟，抗戰中陣亡，閻沁恆與哥哥閻志恆一同進入南京遺族學校就讀，來臺高中沒畢業卻考上台大歷史系，讓外界對遺族學生刮目相看，後就讀政大新聞所，曾任政大歷史系主任、所長及政大教務長，親眼見證化南新村的興衰。

遺族留學生返臺

先向他報到

段劍濤

本不願遷徙跋涉，媽媽卻堅持「男孩子跟在媽媽身邊沒出息，應該出去磨練，」天生福福態態，從小就是令人開懷的開心果，台中高工「鬼混」後，轉到宜蘭中學奮發圖強，苦學成為社會中堅。

蔣媽媽關愛莘莘學子，全球校友向夫人拜壽。

一九四九年，三百餘位南京遺族學校學生在師大附中寄讀半年後，自行選擇是否繼續學業，政府以公費分發到全省各高中，畢業後考上理想大學而海外深造有成不在少數，蔣媽媽因此欣慰的說，「我這學校辦得不錯嘛！」

這批海外留學生返回臺灣重溫當年悲歡，先向老同學段劍瀛報到。他當年讀幼班，台中高工後再轉學宜蘭高中，畢業於台北工專，擔任校友會副會長，協助會長傅達仁處理全球同學聯絡細節。

同學返臺，宛如辦自家喜事

段劍瀛總是晦盡全力安排各類聚會，集結校友歡迎同學返臺，宛如辦自家喜事。他先周到問同學，「你最想見誰？」後，一連串熱淚盈眶的溫馨同學會毫無冷場展開，往往長達一個月還意猶未盡，再相約下一場。段家的兩層樓公寓唱卡拉OK夠寬敞，女管家燒菜極為美味，徹夜長談泡茶聊天都自在，開車接送總是熱情無比。

段家這待客公寓座落板橋林家花園正對面，有個漂亮小花園，散步買菜都具良好的生活機能，退出聯合國那年買地自建，同班同學妻子鄧定淑在自宅接待遺族同學早熟稔成老手，二樓還可開四健會，得到「功在校友」獎座，實至名歸。

同學相見話當年，往事如潮湧的停不下來，大家都記得，曾把來不及實現的求學夢想，捆進行李中，茫然地跟著時代翻騰那可憐無助的歲月。段劍瀛當年十二歲讀幼年班，砲火遠方隆隆響起時，還不解世事在操場打籃球，「校外都是逃難人潮，大人叫，小孩哭，我們留在學校還沒有接到指令，就只好等。」等到一九四九年大年初一清晨五點半，倉皇上卡車，若非高年級學長組成自治會，一路互相照顧翻山越嶺，怎還能留了性命到臺灣再一展抱負？

◈ 幫助學生涉過命運深寒

無論什麼年紀，當時誰也都沒有逃難躲警報的驚悚經驗，還要想盡辦法扛起著日本人留下的槍枝，在南京的暴民中脫困，回憶起無不瑟瑟發抖。所以，為感恩當年不棄，在團體裡很幼齒的段劍瀛，總「飲水思源」的在同學會恭敬問候學長，感恩拉拔自己南遷。

「如果不是隨著遺校來到臺灣，不敢想像自己會變成怎樣。」眼眶泛紅的想起鐵幕裡受苦遭難的家人。「母親是黑五類，被抄家派去掃街，有病也沒醫院收治。」大姊高中響應「十萬青年十萬軍」而抗日，一腔愛國熱忱，卻因一句「文革天怒人怨，看你們橫行到幾時。」被扣上反革命帽子，遭遇迫害……不敢往下想呀，越想越傷心。

眼光長遠，出外磨練

段劍瀛回憶老家的童年生活說，因為鄉下設備太老舊，空襲警報不會響，紅燈一亮拔腿狂

段劍瀛得到「功在校友」獎座，實至名歸。

段家公寓座落板橋林家花園正對面，有個漂亮小花園。

跑，綠燈就是解除警報。有時候反應不過來，跑去防空洞已經來不及，就用棉被鋪在桌上，全家躲桌底。而他通常跟一群孩子往山上躲入樹林，那地方很隱密，日本兵搜查不到。「山林邊有小溪，小溪邊有小魚，捉魚養魚，人與魚建立了感情」，如今變成頗有名氣的飼魚達人。

離京前夕，捨不得雙親，加上最好的同學也留在南京，不願遷徙跋涉，媽媽卻異常堅持，「男孩子跟在媽媽身邊沒出息，應該出去磨練，」南京的冬天淒淒寒寒，不比北方摧枯拉朽，只是清冷，冷得黯然惆悵。母親雖然一介女流沒上學，也不識字，但是從不抱殘守舊，思想封建，反而眼光長遠很拿得定主意。看準這場戰有得打，動亂不會很快結束。

一九四八前夕，小學六年級尚未讀完，母親想盡辦法將段劍瀛送進遺族學校當超額生，學號五三六，先住在英士大樓前的臨時小宿舍，因對母親思念，熱切渴盼母親帶來硬塊巧克力和泡泡糖，經常下午站在大門口等江南公共汽車，放假回家則穿上童子軍制服，神氣的「顯擺」。

這輩子最用功的兩年

南遷到臺灣，師大附中黃校長大發慈悲收留了遺族學生，在生命無邊的僵局裡，進退兩難萬念俱灰的時辰，校長傳遞溫暖，幫助學生涉過命運的深寒。「對他，我只有感念。」段劍瀛說，「讀初二時三次留級，差點被逐出校門。」刻苦克難的重拾書本，孤兒的前程只有這條路可走，可惜好景不常，附中因撐不住食衣住行的沉重負擔而將孩子分配到各學校，蔣媽媽真心疼愛，為大家安排職業學校以方便日後找工作，在社會適才適所的發展。「每位學生都完成基礎教育，日後都能夠各展所長，可見對莘莘學子的關愛美意。」

段劍瀛先是選了台中高工，學習工業技術擁有一技之長。但是，還想繼續升學的他決定轉到宜蘭中學來衝刺聯考窄門，「這是我這輩子最用功的兩年，自動自發的溫習功課。」苦讀的收穫是，三民主義政治測驗高二組全省第三名，當選宜蘭縣優秀青年。此時，半工半讀的「工」，指的是自己種菜，自己下廚，沒有大人幫忙，「前一天做好飯菜，放在水盆裡免得螞蟻爬。」一切靠自己，練就了獨立精神，體力也被鍛鍊得很結實。

小段這時期長大了。

識大體，裡外一把手

只可惜考試時太過緊張，數學成績未達水平，進入了台北工專，和妻子是同班同學，畢業後服兵役，談戀愛心情好，開啟了豐富的感知。因充滿了文學性的情境也變成詩人，喜歡自己，凡事認真，還得到預備軍官獎章。

進入勤益紡織夫唱婦隨的妻子有幫夫運，夫妻同在紡織業迎來臺灣的經濟起飛盛世，外銷及外匯亮眼成績單上，段劍瀛都佔有貢獻。板橋購地自建四層樓公寓，自己住兩層，賣掉兩層，回收了二十萬成本，這也是職場理財成功的難忘過程。

成家又立業，段劍瀛脫離幼年的艱困成為社會中堅，晚年退休後出任南京遺族學校副會長而無間斷走訪白髮老同學，盡全力提供關愛與協助，除了感謝妻子當年不嫌棄自己身無分文，陪伴窮小子，識大體的成為段家的裡外一把手之外，影響自己生命最大的恩人無異是偉大的蔣媽媽，「沒有她，就沒有今天的我們。」段劍瀛和所有同學都這樣感恩。

眞希望再被蔣媽媽摸一次頭

「蔣媽媽從奉化回南京，帶來珍貴食品加菜，」段劍瀛沒忘記，遷臺後只要人在國內必定親自到場主持校慶，在國外就頒訓詞祝賀。陽明山舉辦大專夏令營的那一年，蔣媽媽詢問倪文亞主任有無遺族學生參加？知道有兩名就立即召見，一左一右喚到跟前，摸著頭叮嚀，「兒子，要用功讀書。」

段劍瀛認知「飲水思源」的深意。一九五八年十一月十七日，南京遺族學校三十周年校慶在陽明山中山樓舉行，蔣夫人、蔣公及陳誠副總統都參與盛會，蔣夫人慈愛的對學生致詞說，「以前我摸著你們的頭講話，現在你們

妻子是同班同學，熱情在自宅接待遺族同學。

都長得這樣高大了，大家不要忘記國家的栽培和期望，要做一個真正有用的中華民國國民。」

夫人賜鑑

我們這群孩子們都好期盼承歡繞膝，一親慈顏。經請示，都未能如願，只能在此遙祝政體康泰。聽到您回來的訊息，我們都歡欣鼓舞，您為了探望晚輩的病體，長途跋涉，萬里親情，令人感動萬分。尤以，夫人以國母之尊，一品之格，近百高齡，不辭辛勞，一連數日守候病榻，這份深厚的仁慈祥關愛，舉國上下無不為之心酸流淚。祝禱您老人家，平安愉快。

國民革命遺族學校全體同學敬上

段劍瀛認知「飲水思源」的深意。

這封信，是一九九四年七月，蔣夫人以九十六歲高齡，從紐約回臺灣探視孔二小姐重病，身為校友會副會長的段劍瀛代表全體校友寫信懇求晉見。

另一個屬於遺族學校學生慶祝的大日子是蔣夫人百歲大壽，來自四面八方的全球校友向夫人拜壽，段劍瀛總是義不容辭擔任聯絡工作，包辦大小事，「家有喜事，多麼高興。」他真希望回到南京，再被蔣媽媽摸一次頭。

段劍瀛

小檔案

一九三六年生於湖南新化，將門之後，小學六年級尚未讀完考進南京遺族學校。台北工專紡織科畢，高考及格，預官少尉排長，勤益紡織公司經理，南京遺族學校校友會副會長，和妻子鄧定淑是班對。

輯三

渡海的文武雙全

高雄有個南京村
六十兵工廠遷臺紀事

村民來自五湖四海，充其量只有一半從南京遷臺。之所以有這個叫法，是因六十兵工廠的前身是南京雨花台金陵製造局，無可取代的近代軍事工業搖籃，村民受命仿造捷克迫擊炮。

「君毅里」讓千戶眷舍有像樣的棲身之地。

高雄南京村座落君毅里，揚起年輕朝氣的外省第三代聽過交疊的金陵遺事，不禁也以村為榮而喜歡對外人自我介紹，「我們從南京來。」記住父母胼手胝足的奮鬥故事，覺得兵工廠好酷，也沒忘記村前有棵龍眼樹，么喝著玩伴拿竹竿偷果子，酸澀，卻是夏日好滋味。

時空變遷，為什麼依然喚名「南京村」？其實村民來自五湖四海、大江南北，充其量只有一半從南京遷臺。之所以有這個統一的百年叫法，是因兵工廠的前身是南京雨花台金陵製造局，無可取代的近代軍事工業搖籃。村子不大，甚至改建後已失去老派眷村原味；但是，走這個巷，繞那個弄，都是一大串關於兵器的故事。

六十兵工廠經歷了克難的眷村歲月。

◈渡海傳燈，貫穿抗戰大歷史

六十兵工廠的前身，追溯至清代的上海洋砲局，一八六二年由李鴻章創立，三年後遷至南京雨花台更名為「金陵兵工廠」，員工歷經過多次戰火，逃難後落腳高雄前鎮，隸屬國防部軍備局，持續生產武器。「流離半生，把最好的以及最後的歲月留給臺灣，」盡己之力渡海傳燈，貫穿抗戰大歷史，奉獻專業建設臺灣，集全廠之力為戰後經濟打下根基。湖北村民伍寧生說，「父親的兵工廠專門生產各種先進的槍炮彈，捷克製造迫擊炮最厲害，父親和夥伴受命仿造。」

回想抗戰時在重慶躲日軍轟炸，山洞當兵工廠來製造槍砲，以絕對的鋼鐵意志面對高危險的火藥庫，與死亡搏鬥而不安，時常湧出想家的嘆息；但是，國難當頭，誰都不能置身事外。「父親即便是軍人鐵漢，回了家也露出和煦的微笑說自己其實運氣太好了，能夠發揮專長。」伍寧生聽父親述說往事，內戰爆發，前線吃緊，匆匆準備了三天，兵工廠五千多家屬搭上輪船前往臺灣，「這條『疾行船』讓我們活命，多少難民卻還在岸邊苦等。」言下不勝唏噓。

搭建鐵皮屋，遷臺後第一個家

兵工廠渡過黑水溝搬家，是何等巨大的工程。設備滿載整條船，足足花了四個月，分十三趟船班才順利登陸，然後再輾轉搭乘兩天兩夜火車到高雄落地生根，讓許多家庭傳宗接代到第三代。

從獅甲站下車，經過前鎮國中，右拐彎上正勤路，穿過密密的榕樹林，街那頭的幾幢住宅樓，就是改建的南京村。伍寧生在機器旁出生後，兩歲遷到此處。臨時搭建的隨風吹倒的鐵皮屋，原是遷臺後第一個家，大通鋪用一塊布拉起隔開，幾戶人家朝夕相處。

伍寧生兄弟在南京村長大，聽父親述說兵工廠渡過黑水溝搬家的往事。

伍寧生回憶，絕技在身的木工電工和鐵匠全部出馬，用廢鐵改造大鍋和鏟子、廢舊的木頭做家具，造建屋舍的泥巴是村民自己挑來的。團結互助一家人的精神得到成果，這家建完屋，再去幫鄰居蓋房，終於建蓋起一個共同遮風蔽雨的小村。

「我還記得拿臉盆去裝飯裝菜，過得很克難。」孫屏英回憶，當時她才十歲，在鐵皮屋住了大半年，吃大鍋菜。「我們就在機器邊長大……」

◈蓋起遮風蔽雨的小村

一九四九年底，告別克難鐵皮屋，由村民自己動手興建，佔地近五千多坪的「君毅里」正式完工，多達上千戶的眷舍才成為像樣的棲身之地。全村講南京話，吃南京食物，君毅里「南京村」稱號，自此不脛而走。

伍寧生想起當年爸爸帶自己進廠寫作業，話題就停不下來。那是童年最期待的大探險，東摸摸，西瞧瞧，擁有無窮的樂趣，兵器變成玩具，大砲間穿梭模擬攻擊，「全村小孩鬼混在一起，通通講南京話，」跟著父親從湖北遷到臺灣高雄時，入境隨俗收起家鄉話，融入南京底氣，也接了眷村地氣。「我們的鍋碗瓢盆，都是用兵工廠的廢料製作的，那時候窮嘛，為了省錢，飛機不要的邊角料就拿來做出鍋子鏟子啊，又重又厚，耐用得很，小孩拿不動的。」他說。

街坊放下柴米油鹽愁煩

快樂的童年清晰如昨，伍寧生呵呵笑得像個天真的孩子，鄰居也跟著回憶起當年的赤手空拳。「讀書的時候，越戰打得正激烈，招募國軍去越南，掀起一陣考軍校潮，記得眷村裡有兒子考上軍校，請客吃飯慶祝，鞭炮放好大一串，」高中畢業考三軍官校，初中畢業考士官學校及官校專修班，星期天就會看到很多青少年，穿著帥氣的軍服回到南京村，「發現還有不少現在已高升將軍。」

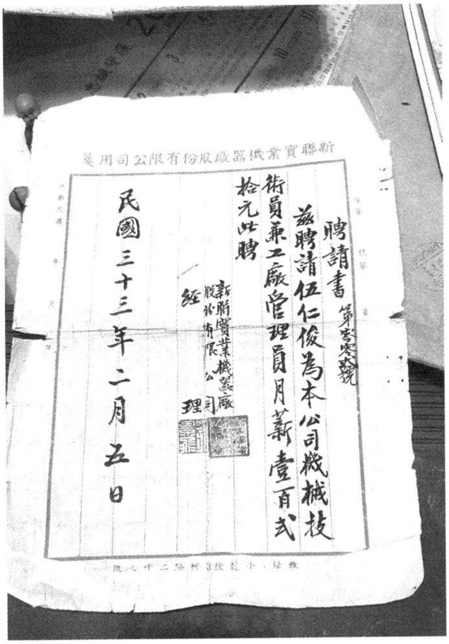
新聯實業機器廠股份有限公司用箋

聘請書

茲聘請伍仁俊為本公司機械技術員兼工廠管理員月薪壹百式拾元此聘

新聯實業機器廠股份有限公司 經理

民國三十三年二月五日

伍爸爸的任用聘書，象徵一個時代的起落。

伍憲生、伍寧生兩兄弟都感受到，兵工廠眷屬跟外頭很不一樣，特別團結。不但村裡頭的水塔、公廁、米庫一律共同管理使用，許多孩子的童年更是在武器的製造聲中度過的，甚至長大後也在兵工廠上班，子傳父藝。

「小時候都在這邊過年，年味很濃厚。以前都聽不懂老人家說什麼，但他們搖骰子喊單雙，我聽得懂。」還記得那興奮又高亢的么喝聲，街坊鄰居放下柴米油鹽的愁煩，一年放肆開懷一次。

◈ 眷屬聚在一起閒話家常

逢年過節總是君毅里的大事！家家戶戶使勁端出拿手好菜，板鴨略帶鹹味，鮮嫩味美：「熱鹽擦、清鹵複、烘得乾、焐得足」。桂花盛開季節製作的鹽水鴨色味最佳。酥燒餅皮黃殼脆，入口香酥，一口咬下去，不掉渣不黏牙，唇齒留香，蟹黃湯包皮薄餡足，鮮美的湯汁混著蟹黃和其他好料一齊下肚，實在過癮。

包餛飩用個小棍沾點肉，在餛飩皮上一點，黏起薄薄的一張，再用手一抓，就成了一顆小餛飩，放進高湯一煮，加點小蝦米紫菜，超級鮮美。桂花糖芋苗也是眷村媽媽的拿手，芋籽蒸熟剝皮後，加上秘製的桂花糖漿，慢慢熬製而成。口感潤滑爽甜，醬紅色鮮亮湯汁誘人，散發著濃郁的桂花香，吃後唇齒留香。

整個村子鞭炮聲不絕，熱熱鬧鬧的過年景象讓人畢生難忘。伍寧生說，隨著眷村改建，君毅里拆遷，居民們陸續搬入新社區，儘管昔日的矮房窄巷已煙灰塵滅，但兵工廠目前持續運作，眷屬們仍不時聚在一起閒話家常。

從南京到高雄，君毅里南京村記錄了六十兵工廠的遷臺壯闊歷程，也經歷了美好的眷村歲月，至今仍有許多人講著南京話，吃著家鄉小吃，共同回味這段大時代的美好。

六十兵工廠

小檔案

六十兵工廠員工歷經過多次戰火，以絕對的鋼鐵鬥志面對高危的火藥庫。渡過黑水溝搬家，花了四個月，分十三趟船班才落腳高雄前鎮，隸屬國防部軍備局，持續生產武器，集全廠之力為戰後經濟打下根基。

國家的脊樑
幼年兵最高軍階

熊德銓

小學畢業的娃娃兵何能蛻變為大將軍？是因才幹過人而勇於任事，最後從軍旅退伍，晉升到中將的唯一最高軍階。母親是首位自大陸經香港特准來台的「義嫗」，新聞轟動兩岸。

完成艱難任務，是郝柏村（左）信任的得力幹將。

亂世孤雛三餐無以為繼，離家從軍無非是為求溫飽的無奈選擇，尤其「幼年兵」以文生義，聽來更是典型的「稚弱苦兒」，尤為堪憐。但是陸軍中將熊德銓卻有別於一般同儕，他來自稍具規模的米商家族，可繼承祖業的富二代生活優渥，之所以毫無懸念的隨軍來臺，是因大陸變色引發的權衡考量。

◈袁大頭當盤纏，愛的千叮萬嚀

熊德銓一九三四年生於大陸江西省南昌縣民風純樸的佛塔鄉鄧坊熊村。「熊」姓是江西南昌五大姓氏之首，按照熊氏家譜，依維、德、弼、章之輩分排序，熊德銓排行「德」字輩。

「國軍三大會戰皆敗，已難擋赤焰席捲，」時代造化的無奈燒到家鄉，熊家因家境頗富，父親又曾任軍職，勢必成為中共清算鬥爭的「地富反右壞黑五類」。為保住熊家一脈香火，雙親正為熊德銓的安身保命發愁之際，有一天在南昌西大街，看到「陸軍軍官學校第四軍官訓練班」招募新生的公告。

被動不能帶來和平，前程謀劃要把眼光放遠。「這是跟隨國軍到臺灣的大好機會，經過母親與奶奶商討後，認為報效國家是青年該做的，」雖然捨不得讓熊家愛子離家遠行，但沒有國哪有家？忠孝難以兩全時，唯有選擇犧牲小我。

年齡均未滿十八歲，又沒有高中畢業，其實並不符合報考資格，「同學不死心去詢問可否當個小兵，只要能帶我們到臺灣去就行。」未料長官當場點頭同意。離別最是傷心事，母親垂淚打包行李，奶奶給了兩個袁大頭當盤纏，冬襖縫到半夜，昏黃油燈下，是愛的千叮萬嚀。

熊將軍（右）溫文儒雅，勇於任事。

「就這樣，帶著簡單的行李離鄉背井，經過湖南株州，輾轉到廣州黃埔港，再搭乘海湘輪抵達寶島。」熊德銓對這段塵封往事記得很清楚。跟隨部隊一路南遷，竟在一千三百多名幼年兵中最後從軍旅退伍，唯一晉升到中將的最高軍階。

看似始料未及，小學畢業的娃娃兵何能蛻變為大將軍？另一方面卻也是意料之內，因才幹過人而勇於任事，愈艱難愈是使命必達，熊德銓歷經國防部高司參謀、中山科學院政戰部主任、總政治作戰部中將副主任，脫穎而出。

十六歲以下成立「幼年兵連」

他人離散，自己遷徙，都是烽火連天的戰亂身影。渡海南遷的大船緩緩滑出碼頭，一群孤苦無依的娃娃擠進船艙，他們還來不及認清這個朝不保夕的世界，就被迫與父母擠散而倉皇離家，心蹦蹦跳，也失了魂。

下了船，上了岸，疲憊不堪的搭火車來到台南旭町營房，就是現在成功大學的所在地。結束三個月的入伍訓練後進行整編，孫立人將軍檢閱部隊，發現竟然有不少身高還沒有槍高的娃娃混雜其中而心生憐憫，認為這些「娃娃兵」既無法承受嚴苛的正統軍事訓練，也將會拖累部隊戰力，即下令將十六歲以下的士兵集中成立有史以來第一個「幼年兵連」。

熊德銓即是其一，此後陸續撤退來臺的部隊愈來愈多，不足歲的士兵也不少，因此擴編為「幼年兵營」，再於民國一九五〇年於台南三分子營區成立「幼年兵總隊」，直屬陸軍總司令部。

日本軍隊留下的二樓紅磚營房，打著赤膊穿紅短褲的幼年兵在營房前操練。理個大光頭，頭戴斗笠，赤裸上身而骨瘦如柴，發燙的地面讓無鞋的雙腳如受酷刑，木棍當步槍口喊「殺，殺，殺」大聲答數踢著正步，當高唱軍歌時，熊德銓才稍稍放下初到陌生地的惶惑，內心升起旭日希望。

幼年兵奮發上進，完全靠自己的努力。

唯一合法翻轉命運的途徑

領到全新的軍服及粗毛軍毯，娃娃們身材瘦小穿起來像長袍，褲子拖到地。每十二個人共用一頂大蚊帳，武器是ＭＩ半自動步槍，還配備輕重機槍及迫擊彈，班長每人一支湯姆笙衝鋒槍，戰力並不弱。

每月可領十八元伙食費，平均一天才六毛錢，早餐饅頭稀飯配醬菜，中午和晚上都是沒油葷的大鍋菜，勉強填飽肚子。熊德銓回憶說，孫立人將軍視察幼年兵總隊，「要我們做人誠實，寧可拙輸、不可巧勝。」放下身段與大夥兒一起蹲在大操場吃大鍋飯，叮嚀要鍛鍊體魄好好接受教育，能夠成為國家的棟樑之才。

先輩盡力交棒，記載共同的歷史。

幼年兵解散後，熊德銓覺悟自己只有小學畢業，要想增長學識就需多讀書，因而申請調任軍械庫管理士。雖然全天與械彈為伍，危險性較高但卻有更多的時間自修學習，到嘉義市區購買淘汰的舊教科書，以及升學指導等自行苦讀，也前往鄰近的嘉義農校旁聽，「只是部隊裡的一名士官，如果不能充實學識、奮發上進，將會一輩子老死行伍，而讀書考進軍校則是惟一合法翻轉命運的途徑。」

幼年兵兩年文科教育，加上一年多的努力自修，終於皇天不負苦心人，熊德銓如願考取政工幹校第四期美術組就讀，並以優異的成績畢業，奉派歷練各項重要軍職。

對人以誠、對事以真、對上以忠、對下以慈的風骨。

老家早已不復舊時模樣

如今已是九十四高齡的「洪都老頑童」，住在北投半山腰，享受「含飴被孫弄」悠然自得的退休生活。走訪熊將軍宅邸時，看到廣袤的天空下，有著一片蕉園和樹林相間的山坡地，偶見老農戴著斗笠、扛著鋤頭，在蕉園中辛勤耕作。長滿皺紋黝黑的臉龐，漾出純樸和藹友善的笑容，起伏有緻的曲巷內，幾戶人家砌起新牆，綠藤爬滿圍著舊籬的斑駁更添詩情畫意，彷彿由此便能穿越到一個神祕古城。

少小離家老大回，一九九七年清明節前夕，熊德銓曾偕妻子伍岳珊返鄉探親掃墓，老家早已不復舊時模樣，眼前只見雜亂無章的違建。「為何熊家唯一的獨子，不留在家鄉繼承祖業？卻偏要跋山涉水追隨國軍去臺灣呢？」動亂中的悲劇，誰說

國軍建軍史上的效力，成就大時代的奇特際遇。

得清？見人淚下，己亦泫然。

熊德銓透過香港親戚，一番周折終於與老家取得聯繫，尚處戒嚴，家書須先寄到香港，再換信封才能寄去大陸，讓遠在南昌老家的父母一直誤以為兒子在香港。「思子心切，母親想盡辦法闖過重重難關，年逾古稀還裹著小腳，還是個文盲的老婦人，居然獨自冒險到香港尋子，」未料，從戒嚴到解嚴的巨變，讓熊德銓因盡孝，經歷一段幾乎有違長官器重的風險。

千辛萬苦尋親，母子欣慶團圓

深知私自與大陸通信違反《通信保密規定》，一旦曝光必會受到保防部門的責難，但老娘既然已經千辛萬苦來到香港，自己既不可能到香港去探望，也不忍讓老人家再回到江西老家去。

萬不得已，熊德銓甘冒大不韙寫了一封文辭懇切的陳情信，蒙任職行政院長秘書的同學鼎力幫助，越級送請行政院長蔣經國先生批示，獲得「孝心可感、其情堪憫，予以恩准，」一由大陸救災總會秘書長派遣余超英組長（余光中尊翁）親自到香港，一個禮拜之內即將熊母接來臺灣。

江西南昌到香港，雖然隔著千山萬水，路途遙遠卻阻擋不了慈母尋子的決心，軍紀法令雖然嚴苛，熊德銓為盡人子孝道，感動了愛護部下的長官楊亭雲將軍，積極為其奔走解套，軍旅發展才不至於受牽連而劃下休止符。

一九七三年，熊德銓與家人在松山機場接機，正巧被華視採訪小組遇見，竟成華視晚間新聞頭條，「大陸古稀義嫗，千辛萬苦來臺尋親，熊德銓母子欣慶團圓，相擁而泣淚灑松山機場」的旁白，配上畫面，感動了千萬人。

妻賢子孝，兒孫滿堂的篤實家庭。

一時之間，首位自大陸經香港特准的「義媼」成為爭相採訪的新聞人物，親友、同學與同事聞訊登門探望道賀的絡繹不絕，為春節增添茶餘飯後的話題。

「回首來時路，猶記奮進心」，當年隻身來臺，只是行伍中一個無依無靠的幼年兵，日後能夠官拜中華民國陸軍中將，熊德銓謙稱是「機緣巧合、運氣比較好罷了！能做到的事，全做了。」

對自己成長的時代，已經盡力了。

熊德銓 小檔案

一九三四年生於江西省南昌縣佛塔鄉鄧坊熊村。幼年兵總隊解散，納編到嘉義民雄「陸軍感訓大隊」第三中隊擔任教育班長。一九五六年復興崗畢業，歷經國防部高司參謀、中山科學院政戰部主任、總政治作戰部中將副主任。

安可！為自己再唱一曲

陳爾玉 文

富家子弟輾轉來臺淪為乞兒，進入幼年兵總隊，接受各種嚴格操練，退伍後開紅包場，也曾在商場風光一時。晚年住進榮民之家，將絢爛歸於平淡，歡唱自癒，感嘆曲折人生。

轉任藝工隊，負責軍中的文康活動。

「人生短短幾個秋啊，不醉不罷休，東邊我的美人，那西邊黃河流……」住在桃園榮民之家的老戰友們，多半都聽過陳璽文感情超級豐富，又帶有濃重江西鄉音的悅耳歌聲。老人家其實有張樂觀愛笑的臉孔，唱起歌來卻感到脊樑骨偶有寒意。

這跟往事有關嗎？手握麥克風，人生下半場能與過往傷痛斷捨離嗎？佛家稱為「出坡」，陳璽文唱歌當出坡，也是遠離煩惱的修行，原本期待療癒和安慰，後來倒是因波折

住進八德榮民之家，絢爛歸於平淡。

過多而想通了，「不被理解才正常，太想被眾人認同，反而是痛苦的根源。」

◈ 養尊處優的日子徹底結束

陳璽文一九三五年出生於江西虔南的富裕之家，爺爺清朝為官，廣結善緣，擁有大片土地和很多藏在地庫的財富。等日本人一打來，錢被搶光光，一夕之間一貧如洗，祖母只好外出借錢買米。「你們家那麼有錢，還來借？」委屈的當家少奶奶，頓時哭得一塌糊塗。

為祖母抹眼淚的小小陳璽文自此明白，養尊處優，不解世間寂苦的日子徹底結束了，日軍侵華，毀掉童年的一切無憂無慮，再也沒辦法活蹦亂跳。

「晴天霹靂的打擊來自驟變的時代，」四合院被拆光，祖產被掠奪，莫名其妙成為流亡學生而再未歸鄉。四年制小學在深山裡，學生靠家人送來食材，自己做飯求溫飽。那一天，早飯過後不久，大家正在收拾碗筷，學校裡突然衝進武裝部隊，四處翻攪、到處拿取鍋碗瓢盆，老師喝阻也沒用，亂成一團。

眼看局面難以收拾，部隊通知學校趕快帶學生離開。「老師，我們去哪裡？」陳璽文仰頭問老師，那時他的身高只到老師的腰部。「不知道呀！」師生都茫然，兵荒馬亂沒人得到正確答案，一陣打鐘吹哨子集合起來，大群人馬就漫無目標走上流亡之途！「我一個小孩，什麼都沒有，只能背著書包跟著部隊逃難，日夜都走啊，沒得休息。」

從江西到兩廣，將近一千公里

一路上，陳璽文思及親人，胸口總如中箭般感到抽搐，但是，整個國家已經大亂，每天都為填飽肚子想破頭，誰也沒辦法幫誰，認識的，不認識的，全部徬徨無助。「晚上趕路眼睛閉著走，走著撞到樹倒下去，清醒過來，再爬起來繼續走。」

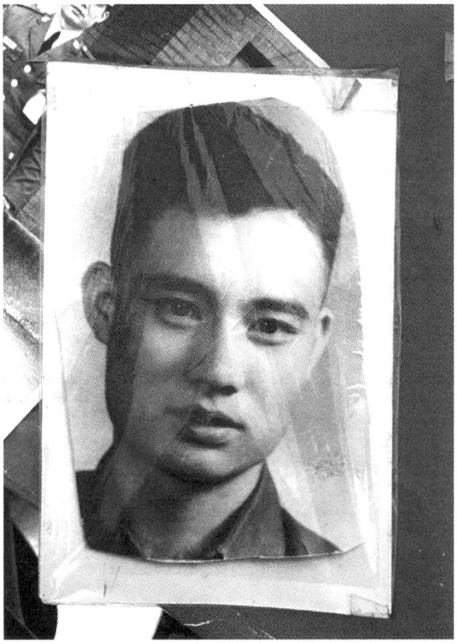

從軍接受嚴格訓練，成為氣吞山河的鐵漢。

從江西步行到兩廣，靠著一雙腿，接近肌餓狀態的走了將近一千公里，五百多個老師生逃亡三個月，日夜兼程苦不堪言，連老師都受不，丟下學生自己逃難去了，陳璽文跟幾個同學只得自力更生，一九四九年想盡辦法搭船來到臺灣。

遠遠望去，海邊一輛大輪船駛過來，陳璽文聽著老師的指示，坐小船轉登大船，用纜繩往上爬的時候，年紀大的人因體力不支掉進海裡喊救命，「好可憐。」他留在船底，聞到發臭的海水，吐得昏天暗地，吐完肚子餓，又沒東西可吃。

終於折騰抵達高雄後，因年紀太小無法從軍，學校也沒了，富家公子頓時淪為難民，在高屏一帶流浪乞討，有一餐沒一餐。

戰爭孤兒終於有個家

「部隊不要我們，老師也沒了。」一路行乞，從潮州走到枋寮，來到一家商店門口，好心的老闆看這群乞兒實在太可憐，叫他們進廚房去吃飯。「我們不敢進去。」老闆就把食物端出來，蹲在廊下狼吞虎嚥，暫時拯救了孤兒的饑荒。

搏命活下來，因緣際會加入了孫立人將軍幼年兵總隊，即使每天接受嚴格訓練，但那卻是他唯一的生存方式。

陳璽文報上「陳煥龍」本名，有天長官把他叫過去，問這是想當皇帝嗎？「於是就幫我改了個名字，從代表皇帝的龍，變成給皇帝用的璽。」打赤膊、穿著紅短褲，無鞋打赤腳，一大早就起來跑步，拉單槓、雙槓、跳馬都是重訓，還要扛機槍大聲高唱，「小小兵！小小兵！我是小小兵！年紀小、膽量好，時常練兵操。有敵人來煩我，向他開槍砲……」

縱使萬分艱苦，戰爭孤兒卻終於有一個安定的家，美援提供麵粉來加菜。有一

分發到金門，歷經單打雙不打的緊張時期。

次學校做饅頭，「我還記得，一口氣吃了十一個。」

轉任藝工隊，曾是紅包場大亨

一九六六年，陳璽文被分發到金門，在砲兵部隊十多年，歷經金門單打雙不打，差點被炮彈擊中，挖戰壕也險象環生，「沒有黃泥巴，遍地都是沙，一下雨，許多戰友被活埋，」與死神擦肩而過，多數驚恐，但有時也放空。

符合志趣轉任藝工隊，負責文康和安排勞軍才稍稍輕鬆，許多歌星根本也不會唱，跟著黑膠學一首就來跑江湖打天下，「在戰火中，撫慰人心更重要。」炮彈打不到的地方圍起一個圈圈就開始表演，等唱到一半，雙方又開戰，再趕快躲回碉堡，每場都幾個來回。

一九六五年，陳璽文娶進本省籍水姑娘，生下三女一子，家庭需要好丈夫和好爸爸，所以提早退伍轉行做生意。由於交友廣闊又喜歡唱歌，後來更投資西門町的亮晶晶大歌廳，成為風光一時的紅包場股東。

紅包場是個紙醉金迷的銷金窟，令許多尚未成家的老兵，孤寂又空虛的沉迷，「無親無故的老兵們都想家，也想討老婆，所以去追捧紅包場的歌星。但怎麼可能追得到嘛？她們對你好，那是虛情假意啊。」陳璽文擔心老兵被欺騙感情而淪陷，勸他們不要再來了。「你做生意，怎麼叫我們不要來？」老兵訝異反問。

經營紅包場發揮天賦，也施展五湖四海皆兄弟的瀟灑本性，卻還是不敵景氣低迷而忍痛關門大吉。「我以前是蠻風光的，現在落魄了，只好想辦

娶妻成家，傳承陳家香火。

法把自己弄得好一點。」從年輕到現在都愛面子，陳璽文受訪時，打著亮色領帶，流露熟男的迷人神采。

時空銳利，割斷了熟悉感

他說，「真心．無所求，由他，無所盼。」是返鄉見到親人的心境。兩岸開通首次和弟弟見面，久別重逢，陳璽文以金錢彌補虧欠之心，千里運送十大件，總希望改善改革開放前後的苦日子。

但是，見面很冷淡，坐著喝茶，也沒什麼話說。陳璽文覺得時空的確銳利，割斷了熟悉感，親疏變成兩個世界。自己一年比一年老邁，一晃眼幾十年，感情頻率變了，「說直接一點，離開家裡這麼久，父母親回家也都見不到，漸漸的也不想回去。」

歌聲高亢，唱出人生感慨。

回憶過往點滴上心頭，陳璽文也不覺潸然說，不要等人家來適應你，要我們自己先去適應變化快速的世界，「做人就是，姿勢要放低一點」，唯有隨時開嗓替自己高歌一曲，才是心靈的踏實慰藉。

陳璽文

小檔案

一九三五年出生於江西虔南的富裕之家，爺爺清朝為官，本是養尊處優的富三代，日軍侵華後，一夕之間變流浪兒，來臺受幼年兵團訓練，轉戰金門八二三砲戰，規劃文康活動，退伍後經營紅包場。

輯四

堅韌的逆風之子

翻一個大大方方的筋斗

張默

張默詩歌奇幻多變，受時代氛圍及軍旅影響，常見「荒」、「嚎」、「冷冽」、「孤獨」與「殘酷」等詞彙，以豐富的想像描繪少年從軍的韌度，被稱戰鬥詩的多產詩人。一九八〇年兩岸破冰，作品逐漸回歸古典礦源，寫下感念母恩的「飲那綹蒼髮」傳頌最廣。

無數開闊的夢想，化成跨海的祝福。

在槍砲與盔甲間流動，在戰壕與碉堡中浮泳，在柳營放射光芒——這是軍中作家對「槍桿與筆桿」的自身描繪。左營海軍張默從二十歲少年期即鍾情吟詩作賦，也把紙當田畦，筆做犁耙，而自己則是瘋狂無悔的耕者，被稱為「臺灣新詩運動的火車頭」。

為詩痴狂，為詩廢寢忘食，為詩典當青春，九十五高齡的張默遲暮猶未忘情，「興致盎然地與詩友找到興味，留意被人忽略的微小感動。」

台北紀州庵的初夏，花木扶疏，第四屆創世紀高中詩獎在這舉行，張默以創世紀創辦人之尊提起當年「我們仨」的創刊往事。再移步到空軍三重一村，他的泛黃手稿展示在眷舍中，埋藏這位詩痴對母親深深的孺慕之情。

妳在叫我嗎？田埂很窄，下雨的時候一片泥濘，
母親呀！妳的小腳剛好踩進花黃的野地。
不用扶親娘呀！路是遠得很，溪水很清，
而妳墳前的長明燈怎麼不見了。
可否在前面再點一盞？寒夜風雨也好引路，

翻閱幾頁心經也好，別說罷了罷了，
即使為妳戴孝一輩子，也每天逗妳高興，
肆無忌憚，大大為妳翻幾個筋斗。

張默詩歌奇幻多變，遷臺初期受時代氛圍及軍旅生活影響，常見「荒」、「嚎」、「冷冽」、「孤獨」與「殘酷」等詞彙，發表〈荒徑吟〉、〈冰凍的火車〉與〈洪荒孤獨之旅〉，以豐富的想像描繪少年從軍的韌度，被稱戰鬥詩的多產詩人。

一九八〇年兩岸破冰，因得知老母仍健在人間而鄉愁稍解，張默作品逐漸回歸傳統古典的礦源，與現實結合寫下多首感念母恩的作品，〈飲那綹蒼髮〉傳頌最廣。

讀著，讀著，深邃的讀著，妳那七十六歲的肖像，
那眼角兩側細又長的眼角魚尾紋，那滿頭的白髮，
聽不見遙遠的叮嚀，已三十寒暑，
時代的步履彷彿輕緩，像您慈愛的手，把我從襁褓搖大，
喔，母親，不管歲月如何消逝，
也許五十年後，我們的思骨比嚴寒的霜雪更冷冽，

歲月是沒有顏色的，是不能阻擋什麼的，
在您身畔，我願永遠化做小小的木乃伊，
像門前的白楊，靜靜吸吮您心底的聲音。

總是惦記著，往日那讀詩美好與善意。

一九八八年，張默回到故鄉，南京八卦州茅草屋已改建成現代磚房瓦蓋，這破爛茅草屋原先是舅父教他朗讀三字經、千字文和唐詩宋詞的地方。「我在開放前一年就從香港到廣州，再到安徽老家。」他探親得早，滿眼殘破已逐漸好轉，兩岸來往日趨頻繁。

◈ 少時離家老大回

三十年朝思暮想的媽媽，就如想像中的大陸鄉間蒼老婦人，花白又稀薄的髮絲挽起小髻，洗得發白的藍色綿衫補丁，針線細緻，正是媽媽從少女期練就的絕活，「朝如青絲暮成雪」的詩句頓時湧上心頭。

踏進已完全陌生的家門，媽媽早已站在馬路上等他。雖然行動不便，家中在簡陋的井然中，放置每個安徽人家裡都有的方形書桌，再陳舊，都還安放在室，等待幼兒上進讀書，光耀門楣。

房間擺著剛曬好的暖被，飄起乾爽薄香，那段探親的日子，張默說得最多的是，「媽媽，不要再那麼忙，您來坐，拜託……。」媽媽抿著嘴，好像想說什麼，卻又

離家四十年，回到南京八卦洲過新年，與母親依偎雪地上。

忍住靜默，母子都有些壓抑。媽媽總用安徽家鄉話叮嚀：早點休息。無語凝噎，愛在流竄。

「三兄弟中，媽媽最疼我，到南京外頭讀書，每個禮拜都盼我回家，就站在路邊等。」張默一講往事，總禁不住落淚，那百感交集的情緒是老年，也是少年，「少時離家老大回」，六七十歲的老兒擁抱老母，傷心難過而哽咽不止。

手稿在眷村展示

戰爭的傷害，老輩刻痕最

老文青離不開筆墨，狂放也秀麗，情懷浪漫也深沉。

深。探親短短幾周，張默半夜常聽見媽媽躡手躡腳幫自己蓋被，是此生被眷愛包圍的證明。「媽媽，謝謝！」他在被窩裡無聲地說，看著媽媽蹣跚離去。

南京讀的是成美中學，國文老師名字都還清楚記得，老師教張默寫出和古典唐詩不一樣的現代新詩，展現才情。「讀不懂的詩更具價值，這是老師給學生的一貫信仰。」這份啟蒙遠到臺灣，為詩壇注入深遠影響力，感觸甚深的寫下「媽媽面前，放肆無忌憚的翻筋斗」。手稿在空軍三重一村展示，筆跡狂放也秀麗，情懷浪漫也深沉，大時代背景下，每個人都有時空交錯的故事。

如今，創世紀三巨頭的洛夫走了，余光中走了……，還有梅新，詩壇老友逐漸凋零，「那難過，是沒辦法講的，」因此提筆寫下——

從叢林中走出，像月亮毅然上升，說一切事物的輪廓都是美的，
衣扣亦然，說一切美的完成都在其獨立的輪廓，如衣的裾。
我終於去了，去了。像地球般一一地，你們將有個結束，
要伸過臂來的樹，要流過來的河。

◈ 左營將士紀念塔大聲高唱

回憶「創世紀三巨頭蒙難記」，張默笑起來回憶，一九五八年，八二三砲戰前夕，洛夫分配到金門，自己在左營海軍，瘂弦和洛夫來到左營相會，三人又唱又鬧到半夜，在小街吃大滷麵、啃雞腳後，稀里呼嚕爬上左營將士紀念塔大聲高唱「風蕭蕭兮易水寒，壯士一去不復返」，得意忘形，爬到不能再爬的高度。

「年輕，也不怕跌下來，」突然有幾個人像摸哨一樣摸進來大喝，「不許動，你們在幹什麼？到警衛連去，我們有話問你……」原來紀念塔大香爐前天晚上被偷，「把我們當賊給抓了。」

唱鬧之後，回歸冷靜，瘂弦當時說，臺灣最元老的詩刊有「現代唐詩」、「藍星」，南部沒有怎麼行？於是三人創立「創世紀」成三足鼎立，一九五四年創刊後艱苦的四處找經費，剛開始也不好意思進當舖換錢過日子，第一次後就習以為常，還厚著臉皮不分省籍找贊助，「有位台南畫家，忍痛賣了畫來幫忙支付印刷費用，還常載來鄉下蔬果，深怕大家斷炊。」

創世紀三巨頭，廣發英雄帖

現代文學萌芽初期，一九六六年，創世紀三巨頭編《現代詩選》而廣發英雄帖，來稿踴躍卻品質不一，落差頗大。

洛夫覺得這樣不行，想刷掉二十幾人，問題是這些詩人已經把作品和費用都寄來了，怎麼辦呢？張默於是自作主張，優劣作品混雜編成《中國現代詩選》，一流的則取名《七十年代詩選》。瘂弦他人在愛荷華，明明沒參與編輯，名字卻被冠上詩選主編，雖然氣炸了，卻也沒拆夥，如今垂垂老矣，講出來，成為美好文青年代的回憶。

一九五八年於左營海軍廣播電台前，左起張默、瘂弦、彭邦楨與洛夫。

張默說，南京鄉下還守著老家耕田種地的是張家老三，也同樣是海軍的大哥已先一步告別人世。創世紀愛詩三兄弟則各差兩歲，洛夫一九二八年生，已在天堂，老二是張默，依然詩不離手，最小的瘂弦目前住在加拿大。

聚散兩依依，每個人都有最難抹滅的記憶刻痕。

張堃、碧果、辛鬱、洛夫、管管和張默，同訪北京大學。

內湖的山光水色中，安享晚年。

張默

小檔案

本名張德中，一九三一年生，安徽無為人。

就讀南京聖池中學，一九四九年春來臺，陸軍官校二十四期畢業。臺灣新詩運動的火車頭，「創世紀」詩社創辦人與總編輯，獲金鼎獎、中山文藝獎、中國文藝協會文藝等獎章，世界藝術文化學院頒授榮譽文學博士學位。

代表作有《變奏曲》、《群讚》等。

到臺灣兩個奇蹟 絕非僥倖

王忠沂

才學和人格是一封最得力的介紹信，給予最大的幫忙還是你自己。「謀事在天，成事在人」，布告欄瞥見徵才廣告的命中註定讓王忠沂奇蹟以小學畢業考取司法官，白天跑圖書館，晚上去台大旁聽，下了極深功夫，逆轉勝絕非僥倖。

王忠沂通過高考出任法官，再轉職律師。

進司法界是王忠沂一生最高光榮耀的時刻。從基層錄事一路通過高考出任法官，再轉職律師，都因為國家有公平競爭的公務員高考才得以逆境重生，讓他更加相信苦讀能出頭，到台大法律系旁聽所獲得的學問，與踏過聯考窄門的正規大學生，其實是一樣的。

命運是一隻看不見的手，在某個時間，某個地點，被牽引走向某個機緣。本來生計無著，打算第二天打道回府了，怎知就被牽引到布告欄前呢？還看到一張絕處逢生的招人廣告？

全年無休的伏案苦讀

「謀事在天，成事在人」，布告欄瞥見徵才廣告的命中註定要夢想成真後，王忠沂往後所付出的「人為」努力是幾倍數的。日以繼夜，夜以繼日，全年無休的伏案苦讀，放下所有的休閒玩樂，只一心一意揚眉吐氣，彌補幼年失學之痛，給家鄉父老掙個臉面。

「戰爭求生，我們只能靠自己。」回頭看一九四六年的往事，能有幸躲過逃難潮的殺戮、恐懼、離散，那是因為抗戰勝利後湖北家鄉謀職不容易，父親決定讓他獨自外出打工，先一步離開老家。

遷臺後雖奮鬥有成，幼年的記憶隨著時日非但並未模糊，反而日益清晰。一九三〇年，王忠沂出生於福建福州，從小家貧如洗，小學畢業後沒錢再繼續學業，加上右手天生患有障礙，無法提重物，因此幹不了體力活，賺不到溫飽。

◈無需學歷證明，一篇自傳告捷

父親看他這樣下去也不是辦法，擔心孩子未來，就請國文私塾教了兩三年，扎下基礎，無意中為日後找工作寫出精采自傳開啟一條明路。以大鵬之志在司法界拼搏，優美的文筆和一手漂亮書法的確加分奏效。

十五歲的王忠沂被安排到臺灣投靠公賣局工作的堂叔，當時怎知國共爭端而兩岸阻隔再無往返，這一離鄉，就是半世紀，白髮見白髮，兩眼淚汪汪。

也是大難不死才有後福，搭上帆船後遇上颱風來襲，這克難小船搖搖晃晃，整

憑著出色文筆跟優秀能力，一路順遂。

寫文章胸有成竹、妙筆生花。

整漂流七天才登上小島。「船長說，不能再繼續走了，船翻就全部完蛋。」於是，停在閩江口沒人住的荒島，下船時兩腿發軟走不動，需同伴攙扶才勉強上岸。

「這個颱風超強，這輩子都沒遇過。我暈吐得厲害，所有食物都狂吐出來。」虛弱的王忠沂，抵達台北後本以為能如願展開新生活，卻沒想到光復後大批人失業，人浮於事，這讓只有小學畢業、又做不了體力活的王忠沂遲遲找不到工作。

奔波苦無著落，堂叔要他乾脆回大陸老家反而可以種地犁田，吃飽肚子基本沒問題，「留在臺灣沒前途，還是回家吧。」聽進叔叔的勸告，正打算放棄外鄉謀生而第二天就返回福建，卻突然在報紙上看到高等法院招考臨時錄事的廣告，「不要求學歷證明，只需寫一篇自傳，」這讓王忠沂燃起了一線希望，寫文章沒問題，他胸有成竹、妙筆生花。

迫不及待榮歸故里

果然順利錄取，因此踏入了司法界的大門。

國共起衝突，萬民流離失所，能躲過一九四九的民族遷移大浩劫，王忠沂把際遇歸於「能夠到臺灣來，就是奇蹟！」小學畢業居然能考取司法官，回鄉探親，親戚莫不對他好奇的上下打量問，「你沒唸什麼書，還當法官及律師，是花錢買來的吧？」臺灣司法界闖蕩超過一甲子，兩岸親友這樣好奇不相信的人，還真是不少。

「我那有錢買？」聽爸爸的話，做了正確的選擇才有今天成就，所以，兩岸尚未開放，他就迫不及待先飛到香港，再

親情召喚他榮歸故里，也補償離家失散後，應該給予的支助。

坐船「偷渡」至福州探望許久不見的父母。親情召喚他榮歸故里，也補償離家失散後，應該給予的支助。

◈立志擁有充實而光耀過的後半生

灑下行動的種子，奇蹟其實還是來自於人為創造，只因當時看到廣告招考，抱著姑且一試的心理謀職，命運才開始翻轉，若是照堂叔原先的意思捲鋪蓋返回大陸，可能困守家鄉，往後不知要吃多少苦頭。

但王忠沂奮力一搏，通過公平的應徵而留在臺灣，走上與志趣相合的司法專業道路，證明命運待己不薄。「寫得一手好字，勝任文書類工作，也靠努力通過司法高考，兩件事皆絕非僥倖。」他強調。「應徵的時候沒有問我學歷呀！一問就完蛋了，那就沒辦法了。我什麼都沒有。」直到考過司法官，擁有法官與律師正式資格，執業也萬分順利後，再也沒有任何人問起過往了。

憑著出色文筆跟優秀能力，王忠沂從臨時錄事一路當到書記官，但他並不滿於現狀，立誓把高中大學空白的課業通通補回來，複雜難懂的法律知識也埋頭拼命學

擁有法官與律師正式資格，再也不曾被問學歷。

習。一九五二年，王忠沂一次就通過高等檢定考試，之後更以第六名的成績考上高等司法官，當時他才二十五歲，英雄出少年，他自己也很春風得意。「書記官很忙，白天跑圖書館，晚上去台大旁聽，下了很大功夫，絕對不是僥倖考取的。」

當上法官後，王忠沂一路升遷，最後晉升新竹法庭庭長，位高權重，工作壓力相對超大，批卷宗常批到半夜而身心疲憊。「薪水一千多，比一般職業雖高，但當律師，一個案子就收入三千多。」想更有能力照顧家人，一九六七年轉任律師，收入大幅增加，生活條件變好，在四十四歲時娶妻生子。

「成家立業」也因此倒過來解讀為「先立業再成家」，扛下家庭責任後，王忠沂更無悔的決定再往上爬，立志擁有充實而光耀的後半生。

贏得「司法徐志摩」美名

王忠沂相貌端正，完全看不出右手握筆有障礙，他又飽讀詩書，泰戈爾與徐志摩的名詩信手拈來成為情書，贏得「司法徐志摩」美名，打動伊人芳心，追到如花似玉的美妻。

這個早晨，我揮別了所有的昨天，
包含思念與惆悵，迎向甜美，於是，我變輕了……。

時光飛逝，越過秋冬，兩情相悅中，他也為情人朗讀過深沉的神祕字句，「在最後的關頭，伸出援手在半空抓住我。我定義成愛。那是唯一能阻止一個人墜落，唯一能推翻地心引力定律的東西。」

滿懷情意與抱負的青年法官提筆寫情書那一刻，琢磨著如何勾勒，如何描繪，心無旁騖，全然放空，是如何美妙的奢侈。至今，依然這麼眷戀著。

一肩扛起大小事，爲先生事業加持

客家籍妻子婚後成為凡事包辦的堅強後盾，闆娘一肩扛起大小事，為先生事業加持，成為「無可挑剔」的丈夫背後的女人。培養耐性，對應討喜，說話方式仍充滿溫暖和熱情，也收放自如的總以「你好棒喔！」做收尾，聽到的人總甜甜的。

難怪王忠沂真誠地說，「過上好日子，要有好妻子，無可挑剔。」

當年，那個失業的孩子，蛻變成了人人尊敬的法界菁英，王忠沂靠著自己的努力，一路慢慢往上爬，如今高齡九十四歲，對於自己的人生，他曾寫下了這樣的註解：

不必依靠你的文憑、親戚和朋友，去尋找你的職業，

你也是個有本錢的年青人，用不著依靠在一支殘廢的拐杖上。記住，才學和人格是你一封最得力的介紹信，

給予你最大的幫忙，還是你自己。

客家籍妻子成為凡事包辦的後盾，一肩扛起大小事。

王忠沂

小檔案

一九三〇年出生於福建福州，右手天生患有障礙，幹不了體力活，賺不到溫飽。

十五歲的到臺灣投靠堂叔，一九五二年以小學畢業同等學力通過了高等檢定考試，再轉任律師，翻轉了年幼失學的命運，印記「有志者事竟成」。

無端捲入世紀災難
誓志改造社會

張則周

走過五〇年代白色恐怖的淬煉人生，黑獄十一年四個月卻仍無所懼的生命勇者。對眾人福祉有建樹，超脫於個人得失，用人生為學生上一堂值得一輩子學習的課，永遠樂觀熱情的理想家。

回憶已泛黃，一言難盡的悲歡離合。

台大農化系退休教授張則周逆風而行，終身不改其志。兩年前，重回被關押的綠島，還奮不顧身攀上燕子口山嶺高喊：「理想的公民社會，即將來臨！」

奉獻社會，生命沒有第二次

九十六歲長者的高昂喊聲撼動山河，未被詭譎多變的苦難擊倒，他覺得活著就很幸運，「每個人都只有短短一生，只能活一次，我總退而求其次說，還好，我還活著，還能清醒的活現在。」他說，「比我冤枉的人不勝枚舉，我算是非常幸運了，既然活下來了，就有機會替社會做點有貢獻的事，」因為生命沒有第二次啊！

記憶清晰的白色恐怖從台大農化系新鮮人說起。張則周祖籍山東萊陽，一九二八年出生於河北井陘縣，從小富有正義感。在煙台讀完小學一年級，轉學到北京念小學時，因為未學過ㄅㄆㄇ注音，必須再讀一次一年級，「當時的北京人覺得自己出生文化都市，煙台屬於偏鄉，山東人說話很侉，就給你一個下馬威，被留級一年，」他覺得非常不合理，因此對當時的教育體制已感到不滿。

父親留美，以高學歷報國

張則周說，父親北平工業大學畢業後，幸運在教會遇到外籍傳教士，問他，「想去國外嗎？」因有貴人開啟前程得以出國進修，畢業伊利諾大學機械系後，在福特公司實習三年，當時需要機械工程人才孔急，父親抱著報效國家的熱情，匆匆返國任職於多項重大公路與礦業的職務。

一九三六年，再奉派到四川成渝鐵路工作，依循傳統婦德的母親必須照顧老小而留在北平。「父親只得一人獨自前往四川。」未料，日本侵華，抗戰勝利後被派往臺灣接收花蓮鐵路工廠，復員工作異常繁重，假日也難得休息，「因此在戒嚴前，未能回北平與妻兒相會，」母親受到很大的打擊，讓父親臨終前對妻兒深感愧疚與遺憾，「實在是人間悲劇。」張則周感嘆萬千。

母親含辛茹苦獨自帶著張則周兄妹，和姑姑的兒女都來北平投靠叔叔，四合院裡住滿十餘人，唯一的養家收入只靠叔叔任職的電話局工程師薪資，所幸嬸嬸擁有堅強無比的勇氣和力量，全家勞務由母親和嬸嬸承擔。

甘苦童年，從一顆大白菜說起

對生命甘苦的深刻體認得從一顆大白菜說起。「淪陷區生活非常艱辛，」張則周記得，每天飯桌上最常出現大白菜、蘿蔔乾和醃鹹菜。

大白菜經常分為三部分，切碎大白菜的菜心給爺爺下酒，老人家天天喝小半杯，為窮困增添最大享受。中間部分切成條狀，與極少量的細肉絲一起炒，成為叔叔每日上班辛勞必備的營養，「我們就吃外層的大白菜梆，冬天時與凍豆腐煮成一鍋，」難以忘懷的美好滋味，無異是那個艱困時代的山珍海味。

主食是「混合麵」，排隊買來的，由豆餅、玉米軸和花生皮等二十幾種雜糧渣和廢棄物混合而成，「都是日本人不吃，甚至馬都不吃的，」一點麵粉都看不到，幾乎沒什麼營養，只不過填飽肚子罷了。

如果想吃一點麵食，就得偷偷去買，絕不要給日本人發現。「藏在廁所糞坑旁邊，用厚厚的麻袋蓋起來。」過年才拿來做饅頭，包餃子或麵條，「一年就只能解饞一回。」

置個人生死於度外的氣度

少年歲月艱苦到無以復加，以致於「讓我熬過被關牢房及勞動改造的日子，再苦，也就是這樣了。」被關押軍法處時，曾遇到一位令一生難忘的室友。他是在北平讀大學，日本投降後回到臺灣在山地為原住民孩子創立學校受教育。

當時曾向大家開玩笑說，「如果我被判無期徒刑，就請客。」那視死如歸的志節，讓張則周深切感受到「置個人生死於度外」的氣度。原來世間真的有不畏生命結束的慷慨赴義，自始至終談笑風生，為真理、為正義做個烈士。

也因此，張則周立足社會教育英才後，「一直想辦法把人性提升，讓將來不要再有這種災難再度發生。」

篩選成爲台大正式生

抗戰勝利後，張則周到上海就讀國防醫學院，但無法適應軍事化管理，聽同學說臺灣學風自由，風景怡人，因而對寶島產生了嚮往，在家人不知情下，他買船票去臺灣找接收鐵路的父親。一路上，海浪濤濤，湧動無限美好想像，晃漾無邊無際的幽思，「江闊雲低，斷雁叫西風。」悲歡離合總無情，一任階前點滴到天明。

那是一九四九年初，兩岸各走各的路，很多公教人員跟著政府撤退遷臺時，也攜正在唸大學的子弟同來。「當時台灣只有一座大學，必須經過寄讀生考試才能入學，半年後第一次篩選，只剩四五十人成為台大正式生。」

張則周就是經過這個過程，一九四九年成為台大化工系二年級生，美好前景等待前方。

誰知，美夢變噩夢，一場再普通不過的布告欄張貼，卻讓年方二十的張則周無端捲入世紀災難。

如波濤的回憶，凝結在厚重的文件裡。

被控參加讀書會，捲入災難

那一天，看到校園佈告欄上有臺灣省社會處主辦的「實用心理學講座」資訊，熱愛求知的他很自然去聽課，「老師口齒清晰，課程內容非常豐富，講投稿，講婚姻心理學等等，」這是大學生課外的收穫，「但沒有聽幾次，老師就不見了。」

不久，有些同學聚會中建議彼此交換書來看，但張則周並未參加，未料一年後遭到逮捕，無端被控和聚會的同學一起參加讀書會。

被捕後得知，老師于非本名為朱芳春，是中共諜報人員，透過講座在校園吸收年輕成員加入共產黨，並收集情報傳回上海，行跡敗露逃回上海，調查局因此逮捕曾與于非接觸過的軍人、學生等多達一一六人，張則周就是其中之一。

看守所小牢房擠滿了人

他還記得，被捕那天，十幾個同學圍在書桌前復習「材料力學」，這一科目最難，明天就要考試。突然有人敲門進來，「張則周是誰？」

張則周就這樣被抓到看守所問話。「原天真的以為問問話就可以回家，沒想到兩小時後，被關進去。」保安司令部看守所像動物園，六七十個人被關在十幾坪的狹窄房間裡，犯人抓著柱子如猴子，只穿短褲的熱夏，汗流浹背，好奇的向帶進門的每個人看。」看守所許多小牢房都擠滿了人，每晚都有人被偵訊，法官常用坐老虎凳、灌辣椒水、電擊及吊手指逼受審者認罪。」他記得。

同房有臺大學長、美聯社記者，還有高中老師，都善意提醒張則周，「你不要被審問的人騙，沒做過的事，千萬不要承認。」聽到這句話，他緊緊牢記，堅決不認沒有做過的事，法官當時要他認罪，「你是沒什麼事，只不過就參加讀書會嘛！一起讀書是很尋常的事。」如果承認，明天就可以自由了。

總共被關了十一年四個月

結果，關押四個月後，在軍法處以「參加判亂組織」罪名被處十年有期徒刑，在台北監獄，內湖與綠島軍監陸續被關五年，咬牙苦撐打石頭或砍茅桿等勞動，再移監至新店安坑監獄。

在生教所服滿十年刑期之際，又以感訓成績不合格而被送至小琉球職三總隊勞動改造，直到一九六一年九月二十日才獲得開釋重返社會，總共被關了十一年四個月。「前後被關八個地方，其中四個地方歷經生死邊緣，」張則周感到，能活著出獄，實在幸運。

他說，以生教所為例，他在關押期間被訓導誣陷，罪名若成立，無異就被判死刑。「關進禁閉室長達三個月，天寒地凍的冬天，四點送晚飯來，不給吃，」直到六點，飯變得很硬，才給吃。「因此我的胃被搞壞，到現在都沒有飢餓的感覺。」

共榮共享與共生的永續發展

出獄後稍稍呼吸到自由空氣，張則周再參加聯考，考上成大礦治系，一年後轉學到臺大農化系，並一路念到博士畢業，但過程並不順利，坐牢的這段紀錄，讓他在學校受盡刁難與歧視，博士論文題目就更換三次，獎學金被取消，甚至被情治單位監控列管，不得赴美留學。

「我常跟別人說，我在裡面是小監獄，出來之後是大監獄，他們想盡各種辦法整我，」全無公平正義可言，「雖然受了許多苦，但是生命只有一次，我還是很感恩。」遭遇這樣淒慘，張則周始終語氣緩慢、語調平和，像是說一段別人的故事，自己只是個觀察者。

「人生很多事情不是自己可以決定的，」一天到晚講公平正義，自由民主，都只是口號，他認為最重要的是把教育搞好，把制度建立好，其他都是空喊口號，對人類並無助益。

十一年半的牢獄生涯，讓

美滿的全家福，洋溢歡笑。

張則周回顧與反思，如何建立責任、教改、素養、公義與自覺的新公民社會，進而共榮共享與共生於永續發展的美好世界。

一九九七年開設通識課「生命與人」，不支薪傳道授業，張則周連續五年領著年輕學子探討對人與環境的關懷，以「人權自由、民主平等又安全快樂，和平多元」活出生命獨特的尊嚴、意義與價值。

張則周

小檔案

一九二九年出生於河北省，一九四七年就讀上海國防醫學院，休學赴臺灣考入台大化工系，一九五〇年遭控涉入共諜案而服刑十一年四個月。一九六三年考取成大礦冶系，隔年轉學進入台大農化系，一九七六年取得博士學位，於台大農化系擔任副教授、教授。

被日本軍官收養　曲折離奇前半生

沈承棠

連番戰事無預警讓他有家歸不得，開啟一段被日本軍官收養的戲劇人生。認敵寇為父絕非所願，來臺後參加了法律學分班，五種文官考試及格任職公務員，將一生戰亂集結成書，記錄日軍侵華的相關記憶。

投筆從戎，是大時代的血淚見證。

獨立出生，獨立離世……每個人的一生都是一次荒涼的旅行，然而，孤獨並非悽悽慘慘戚戚。住在花蓮榮民之家，和齊邦媛晚年規劃極為相似的汪承棠，尤其能體會孤獨其實是美好的。他在心愛的書桌伏案寫作，面對窗外綠景書寫自己記憶所及的悲歡離合，臣服於當下的寧謐，歲月未曾辜負。

被日本人收養而無力掙扎

一段被日本軍官收養的戲劇人生，啟於「正在記錄二十萬字」的老後使命，近百歲的他說，「寫作就像自我較勁，趁著還能寫，將歷史完整保留，流傳給兒孫。」想念過去的自己，也摸索時代悲喜，汪承棠每天寫。「我寫故我在」，來到暮年一切

軍旅生涯在日軍侵華後，變了調。

更不確定，文字無異幫助自己面對現實。「人生難免有挫折、絕望之際，把悲憤化成力量。」書寫是療癒，與時代和解的志向從少到老，沒有一絲絲改變。

回溯此生最大的糾結來自被日本人收養而無力掙扎。童年停格於十三歲，汪承棠出生於書香世家，理應飽讀詩書、舐犢情深；然而，命運卻無預警讓他有家歸不得，還「認賊作父」，認日寇為父。

「我是中國人，受到日本的氣被日本人打、被人家殺，哪有不恨的⁉」汪承棠在日軍槍下死裡逃生，許多記憶都帶著血和淚。「我跟日本人兒子同年啊！再加上生日只差兩天，就因為這樣他對我網開一面，沒有殺我，還收養我。」雖然感激對方，但看著日本人對中國人的種種暴行？卻又忿恨難平。

國仇家恨沒報，卻差點也變刀下亡魂

這是無法想像的奇恥大辱，家教和課本都不允許他接受這樣的身分。「我的小腦袋瓜還沒有足夠的雷達，指引我該怎麼辦。」記得日本入侵家鄉，刺刀閃出驚恐，追捕潛藏在村落的游擊部隊。他才十三歲，哪有本事打游擊，但鄰居告密，沒有罪證卻遭到陷害打入大牢。

牢房可以想像得到的所有恐怖刑訊逼供，他一樣也沒少受罪，到頭來還是聽到長官一聲令下，處決的命令這樣急急如令。這一切惡運，以無法想像的速度，迅速地擊潰了他，被恐懼蹂躪的日子，不能放棄。

善良而勇敢的人降落在面前，守護著、支撐著、幫助，何必頑守的抗拒，安全溫暖的所在是唯一能夠確定的，「我想活下去，

家族經商，環境優渥，身為長子備受疼愛。

我想將這一切寫下來，我想向這世界投遞出埋藏深久的苦悶，我必需將自己的心從黑暗的洞穴中取出，捧到初夏的陽光下，晾乾這一生的眼淚。」

還盼望著明日存在的十三歲孩子，還沒跑出大山，懂什麼呀？卻親眼看到鄰居在日軍刺刀的殘害下，被丟進江中，國仇家恨沒報，卻差點也變刀下亡魂。

命不該絕，一個日本軍官盯著他看許久，看得全身發毛，「該不是？」意外的，日本軍官說他很像自己的孩子而打算收養他。「真的很像我在日本的小孩……」這個念頭意外地成為救命稻草。日本人的意思，似懂非懂，但知道往後有機會苟且偷生，這複雜的心情被求活蓋過，「我和日本人在辦公室，我教他中文，他教我日文，晚上住在辦公室後面，」同一屋簷下朝夕面對，共同生活半年，日本人對他視如己出，但汪承棠卻是五味雜陳，難以對民族意識釋懷。

看不慣日軍作為脫離偽軍

趁著月黑風高逃脫日軍掌控，汪承棠加入抗日行列，憑著體格還考取憲兵，逃離日軍部隊。一九四三年入伍，奉調中國駐日憲兵隊、中國憲兵司令部派駐太平洋憲兵隊，在沖繩島待過好一段時間，抗戰勝利被派到琉球群島負責戰後的物資接收。「從小就被日本人欺壓，如今能以戰勝國之姿面對敵人，總算能揚眉吐氣。」

回想當初不得已加入了汪精衛的「和平建國軍」，協助日方軍事活動，但他所投靠的九江大隊，因看不慣日軍作為而脫離偽軍，十幾歲的汪承棠也因此立志一定要離開日本人，加入國軍抗戰。

那個救他的日本軍官呢？失去了音訊，汪承棠感慨地說，「過去了就過去了，心中的恩恩怨怨，都過去不要再想就是了！」

目睹了琉球人的慘況，從被日本統治、到歷經二戰的轟炸，種種一切都讓他感到不平，鞭策自己用筆記錄史實。「琉球人土地都被日本人徵收，失去了家園，二戰的時候又被美軍炸得很慘，傷亡的很多，他們很可憐的。」

兩年後，汪承棠結束任務回到中國，第一件事就是返回湖北探望多年不見的家人，勞苦一生的父親已經過世，原本富裕的生活也因為戰亂而一落千丈，母親更是積勞成疾生了重病，能見到兒子，是老人家最大的安慰，也許得以康復。但是，戰亂卻阻隔微小的心願。

◈天堂應該很美，媽媽才一去不回

度過最壞的時刻，來臺後參加了法律學分班，任職公務員，汪承棠生活逐漸步上美好的正軌，將一生奇特遭遇集結成書，記錄日軍侵華的相關記憶。提筆那一刻，他內心明亮、毫無黑暗：「我應如日，普照一切，不求恩報」，總是「歡喜迎納，目不捨離。」廣天闊地，心如大海。

一提到母親，汪承棠禁不住老淚縱橫。「再想媽媽，也絕對不能連繫，否則我家房子要被燒掉。」日本鬼子和共產黨的威脅令骨肉分離，也讓他膽顫心驚，深怕一個錯誤的決定，汪家再度受到傷害。

來到臺灣之前曾回去家鄉湖北見了母親，當時並沒有想到，那會是最後一面。「母親想我想得不得了，後來因病過世，臨終前還一直掛念著我這個兒子，不肯斷氣。」親友轉述母親最後的時刻說，「旁邊的人問她，『妳是不是想兒子？』她說『是。』他們就勸她不要再想了，就過去吧。」「妳兒子如果在，會來看妳的，妳就放心吧！」聽到這句，母親才閉上眼睛赫然長逝，留給汪承棠無限哀思。

軍中同袍佩服驚人毅力

夢中，媽媽喚了好幾次自己的名，瞬間爆哭，像找回依靠那樣，一股腦兒的傾倒壓抑。也時而仰望天空喃喃自語，「天堂應該很美，媽媽才一去不回。」汪承棠泣不成聲，近百歲的他這輩子最大的遺憾，就是沒能見到母親最後一面，沒能好好盡到子女的孝道。

八十六歲時寫了一本《江海浮沉》，描述日軍侵略中國的相關記憶，軍中同袍閱讀後都佩服汪承棠的驚人毅力。十年後，如今又在著手寫第二本書替琉球人發聲，想要把當年的所見所聞讓更多人知道。初夏探訪，五種文官考試及格的老人家午睡後談興甚濃，拿二十萬手寫稿要我們給意見。

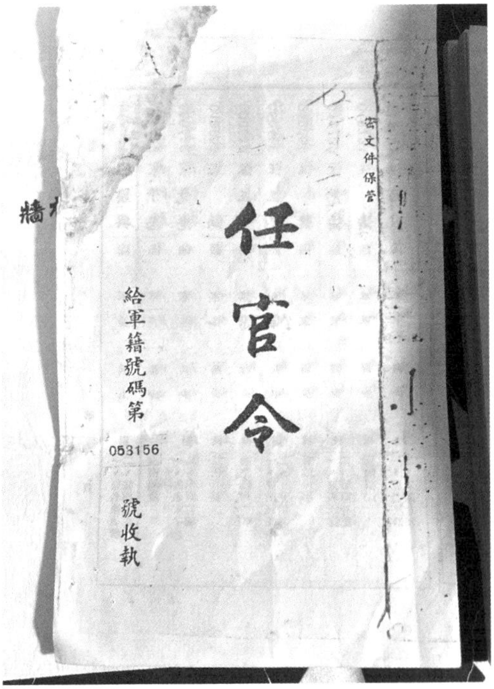

勤奮好學，通過五種文官考試及格。

「一江春水向東流」一面揮毫，一面聊天，汪承棠鄉音很重，有好幾句有聽沒有懂，不過聽得最清楚的一句話，就是再三叮囑我們，「一定要孝順父母」。

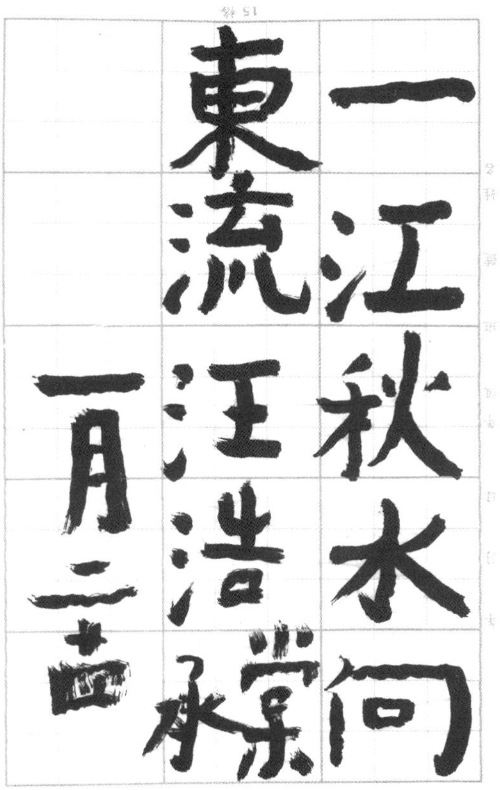

汪承棠

小檔案

一九二六年出生於湖北黃梅，加入「和平建國軍」離開收養他的日本人，成為國軍的一員。一九四三年派駐太平洋憲兵隊，抗戰勝利往琉球群島負責戰後的物資接收。五種文官考試及格，任職國有財產局，著有《江海浮沉》。

輯五

勵志的烽火女傑

大膽阿兵姊 遇上八二三砲戰

張秋香

八二三砲戰傷亡慘烈，阿兵哥一心速返戰場殲敵，感動花木蘭而成為傷兵最溫柔又堅實的後盾。大膽島心戰喊話，坑道不見天日，全數在青春歲月留下深刻感悟。

半生戎馬阿兵姐，回味離島生涯。

因家計沉重而報考孫立人將軍女青年工作大隊，張秋香分發的第一個單位就中了金門。天剛黑，砲聲響，八二三砲戰從此歷練了阿兵姊的鋼鐵意志。

張秋香名字很好記，每次下部隊都有人說，「啊，我知道妳，唐伯虎點秋香。」

鄉下女生，糊塗變成阿兵姐

一九五八年，張秋香還根本不曉得什麼叫軍中文教，就從一個雲林虎尾鄉下女生糊里糊塗變成阿兵姐。原先以為朝九晚五，集訓後方才知道輪調金馬，今天本島，下一梯次又到外島，再回本島，「我非常害怕，哭得要死。聽說有水鬼摸上來，把頭割去交差。」

軍令如山，再害怕也得赴命。張秋香八月四號到金門，六號就迎接共產黨「血洗金門」的恐怖風聲。被學長灌輸，「你們這些小孩子，炮彈不長眼睛，沒有選擇姓張姓李的，要有心理準備。」

學長再接著嚇女生，「萬一妳們犧牲了，希望跟父母說的話先寫下來，收好，放到最容易找到的地方，不要藏到拐彎角落啊。」大家邊寫邊掉眼淚，淚中夾雜陌生的恐懼……。

轟隆，炮彈驚天動地響起，真的在八月二十三日晚上六點開戰了，到九點多國軍還擊，幾萬發的子彈對準金門射來，震天價響。第二天，醫院爆滿，張秋香被分批派到五三醫院做傷患慰問，「不純粹只慰問，大哥你好一點嗎？不是這樣，你承受的住嗎？」也都不是，是立即上場做根本沒有受過訓的CPR，到開刀房幫忙協助，拿什麼，做什麼……一個口令一個動作。

醫院走廊排滿病床，炮彈會穿過水泥多少公分完全無法預測，後半夜睡在X光室，傷患送來立即起床先推去照X光，機器在哪就睡在哪，戴頭盔穿軍服，毯子沾滿血，拉下來照睡不誤，還打呼嚕。

戰爭殘忍，生活變了樣

已奄奄一息傷重的阿兵哥，只要還有意識，還能開口說話，莫不嚷著再回戰場，「可不可以給我藥，我撐得住，要回去打共匪。」現在講起來臭屁，哪裡可能有這種事？但張秋香人就在醫院，只能安慰說，「醫生讓你休息，隔幾天就可以回去了。」腳已斷，手背也翻了，滿臉都是傷，氣若游絲卻還是說自己傷不重，「沒有關係，趕快給我治療，可以再打。」

初抵臺灣的從軍熱潮，令年輕人自願上前線與金門共存亡。「那口號會起雞皮疙瘩對不對？」炮彈不直接打在身上，都打到建築物再反彈回來，磚牆的子彈反彈力量最恐怖，

阿兵姐前線撫慰戰士，一生以軍職為榮。

許多戰士這樣受了重傷，哀鳴遍島。

那慷慨赴義，深深感動了尚未解事的張秋香，是古人「滄波萬里愁，不負少年頭」的情懷吧！而後以乖乖牌的良好長官緣，被分發到大膽心戰喊話，離戰爭更近，「大膽播音站開戰當晚就被打垮，我們躲在一個大石頭底下，過了一晚上。」

整個大膽島都是阿兵哥，兩個女生走到哪都成為嬌點，所以臺長盡量把她們藏起來。「照孫子兵法所說，部隊要把物資人員盡量儲存於地下，」張秋香成為在地下工作者，兩個榻榻米大的空間，廁所被打垮，只好用臉盆小號水桶大號，地道非常潮濕，頭髮濕，內衣內褲也幾乎都潮潮終日滴水。

實在受不了，感覺自己快要發霉，就怯生生向臺長請命，「讓我們上去五分

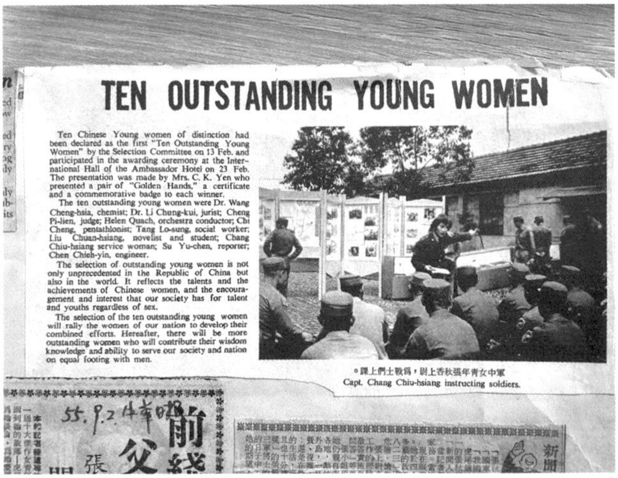

TEN OUTSTANDING YOUNG WOMEN

Ten Chinese Young women of distinction had been declared as the first "Ten Outstanding Young Women" by the Selection Committee on 13 Feb. and participated in the awarding ceremony at the International Hall of the Ambassador Hotel on 23 Feb. The presentation was made by Mrs. C. K. Yen who presented a pair of "Golden Hands," a certificate and a commemorative badge to each winner.

The ten outstanding young women were Dr. Wang Cheng-hsia, chemist; Dr. Li Chung-kui, jurist; Cheng Pi-lien, judge; Helen Quach, orchestra conductor; Chi Cheng, pentathlonist; Tang Lo-sung, social worker; Liu Chuan-hsiang, novelist and student; Chang Chiu-hsiang service woman; Su Yu-chen, reporter; Chen Chieh-yin, engineer.

The selection of outstanding young women is not only unprecedented in the Republic of China but also in the world. It reflects the talents and the achievements of Chinese women, and the encouragement and interest that our society has for talent and youths regardless of sex.

The selection of the ten outstanding young women will rally the women of our nation to develop their combined efforts. Hereafter, there will be more outstanding women who will contribute their wisdom knowledge and ability to serve our society and nation on equal footing with men.

軍中女青年張秋香上尉，爲戰士們上課。
Capt. Chang Chiu-hsiang instructing soldiers.

花木蘭紅到海外，媒體讚她溫柔又勇敢。

鐘，曬一下太陽好不好？」換來搖頭，「不可以，因為妳是女生，全島男生看到都會興奮的大叫，好像發現什麼外星人。」

沒有陽光，也沒有燈光，就一個蠟燭煤油燈照向小島的黑夜。當時一心逃離，現在卻想回去看看，看以前住的克難小窩。

坑道暗天黑地，水比黃金珍貴

「大膽一根青菜都沒有，連續六個禮拜吃乾糧罐頭，坑道有發電才有電，平常暗無天日黑漆漆，」一個瘦瘦的老士官躲著地雷，每天用五加侖的汽油桶把水運上來。「水比黃金還珍貴，大家一定要節省。」臺長再三交代女兵，四分之一臉盆水從頭洗到腳，刷牙則意思意思，刷過了就好。

回到臺灣調去女勤連隊十年，張秋香說，伙食稍有改善，炊事兵中午牛肉燉蘿蔔，晚上蘿蔔葉子醃一醃炒辣椒，就是一道果腹下飯菜。也稍稍透點氣的睡大通鋪，媽媽來看她，看到活動空間這麼小，小到像一張毯子，一個豆腐塊，心疼女兒好像走錯路了，哽咽又酸楚。

媽媽後來因跌倒癱瘓，卻硬脾氣不讓人家攙扶，一靠近就拿個棍子趕。「但是那頭髮，不能不洗啊。都是我回去洗，媽媽給我的外號叫共產黨，看到我就叫，共產黨回來了。」張秋香說。

人生越苦，感悟愈深

人生越苦留下的感悟會愈深。這位參加五次國慶閱兵大典的現代花木蘭認為，當女兵十年是人生最高峰，該歷練的幾乎都完成，奠定後來行政能力及處理態度。

一九六二年，張

當年英姿煥發，傑出的表現。

秋香當選國軍英雄，三年後再當選第一屆傑出女青年，以軍中標竿派去參加文化訪問團，去全省各高中巡迴說明軍中培植人才，吸引年輕人報考軍校。

「工作多元化，上午教軍歌，講英雄故事匪情分析，下午就跟部隊打籃球友誼比賽。」女勤連隊後選擇軍訓教官轉職，在銘傳商專二十八年。「我其實非常懷念女勤連隊姐妹情深，朝夕相處。」只因不想當隊長面對一堆男生，喜歡靜靜地待一個地方，所以才到銘傳商專女校轉任軍訓教官。

眷村就是一個家的概念

半生戎馬，住進眷村，「我叫孩子除了上學，都別亂跑，給我待在家裡。」張秋香晚上駐校，白天上班，能管理家庭的時間非常有限。「眷村固然擔心孩子教育，卻也有雞犬相聞的好處，有什麼事大家一起來幫忙。」其實眷村就是一個家的概念，把所有人都安頓在那邊，外派的男主人可以很放心去當兵，不用去擔心家裡老小。

濃濃的人情味，從當兵的第一天就溫暖阿兵姊的心。

青春獻給外島，除了金馬之外，也去了許多離島，包括北竿，「坐上小船，海水打在身上都白白的，就是乾掉啦，體溫把它烘乾了，整片白白的鹽。」到東莒碰到帶魚出產期，阿兵哥用竹竿曬帶魚，早吃紅燒，晚上煎炸，吃到會怕。

張秋香愛爬東莒燈塔，光束投射寧靜的海面，給大小船隻做溫柔的指標。「金門老百姓被訓練到看到你會笑，敬禮，」相對的，馬祖人慓悍，比較會朝張秋香喊，衝啥（幹什麼）。大膽阿兵姐嫣然一笑說，「希望不要有戰爭，和平是最快樂的。」

張秋香

小檔案

雲林虎尾人，一九三一年生，八二三砲戰期間派赴大膽心戰喊話，返臺擔任銘傳商專教官。一九六二年當選國軍英雄，三年後再當選第一屆傑出女青年。

自立自強
把九十歲活成九〇後

鄧曙

改名為曙光的「曙」，光明正大。在山東棗莊礦區受日本教育，歷經流亡學生磨難，以口琴鼓舞著士氣，人生九十才開始，「多彩多姿不是榮華富貴，而是酸甜苦辣。」

水深火熱那些年，歷史的軌跡太深層，鄧曙以驚人的記憶力鉅細靡遺的描述。當年如何走在逃難的荒蕪中，她替自己改名為曙光的「曙」，積極向上，光明正大，將每天當做奉獻日。

餘生有限，「讀史早知今日事，看花猶是去年人。」一九二八年，鄧曙出生於山東棗莊，這兒的中興煤礦是中國三大煤礦之一而被日本人非份強佔，讓十歲的鄧曙從小受到皇民教育。

東洋軍讓天倫夢碎

山東棗莊中興煤礦養活了整個村莊，創建了棗莊第一所學校，第一家醫院，第一個圖書館與第一個俱樂部，北馬路與南馬道都是……，還供水管網以及供電，無異成為棗莊市的締造者。鄧曙

積極向上，光明正大的流亡學生。

的哥哥在這挖煤當礦工工頭，靠努力雖然養活全家雖然甚為辛苦，但全家聚在一起，享有安逸的天倫。

是東洋軍讓天倫夢碎的。扛槍列隊進城，那肅殺的行軍腳步聲，震動寧靜的礦區小鎮，保長敲起大鑼，兇巴巴叫村民趕緊交出棉被，要乾淨保暖的獻給日本軍隊。唸小學的鄧曙當時跟著一群同學擠在胡同看這驚天大隊，有點糊裡糊塗的害怕，但又充滿天真的好奇。

棗莊小學不久被日本人接管，校長是日本人，課堂說日本話，老師兇巴巴叫學生站起來問話，鄧曙因為個頭小，坐第一排，經常一指，就指到自己回答，因此練成嘎啦嘎啦的日本話。「其實我自己都不知道在講什麼，什麼意思……。」她仰頭大笑，也笑得嘎啦嘎啦。

◈時局詭譎多，童年充滿煙硝

同學萬一日文不流利結結巴巴，就立即被老師踢一腳爆粗口，「八咖亞魯（混蛋）」，鄧曙邊說，邊比手畫腳的重重拍一下桌子，啪……九十六歲的力氣還挺猛的呢！老師再拳打腳踢狠狠補一句，「像石頭人、木頭人一樣。」翹起嘴學日本老師臭罵中國學生，發揮藝工隊的神演技。

被鬼子老師打罵也就認了，連日本同學也追著中國小孩示威。「不甘被欺負，村民有怨氣，靠著棗莊的游擊隊給予措手不及反擊。」巷戰那段時日很頻繁，鄧曙白天總躲著透過門縫偷看打仗，晚上就和所有村民集體被日本人趕到大禮堂過夜，避免百姓跟游擊隊勾結，便於管理。

時局詭譎多變，棗莊游擊隊夜晚若偷襲不成功，就發怒放火燒房子。鄧曙從小就要跟哥哥四處提水滅火，遇到兩軍巷戰就蹲在角落躲子彈，童年生活充滿煙硝與驚懼。「對於戰爭，體認得很早。」

扛起棉被逃難，來不及道別

哥哥有天憂心忡忡對她講，現在時局太不穩定，最好呀，女孩家到南方去讀書。於是，鄧曙收拾包袱在日本人進城前匆匆離開棗莊，路途很長，不知明天。

一九四五年，日本人終於被打跑了，「我從年輕就一個人出來，一直承受萬般折難，自立自強。」抗戰勝利後，為了幫忙家計，鄧曙輟學報名小鎮藝工班學唱歌表演。怎料戰爭沒完沒了，國共內戰比抗日更激烈，某天夜裡，解放軍攻進城裡，她扛起一床棉被再度離家逃難，連家人都來不及說再見。

徐蚌會戰前夕，大批難民往南逃，一邊倉皇躲子彈，一邊狼狽討飯吃，有車子坐順風車，沒車子就靠著雙腳徒步走，「扛著棉被，走著走著就聽到槍聲，大家就喊，趴下，趴下……。」三不管地帶，也不曉得是真正的軍隊還是土匪。戰火猛烈，一路從棗莊、湖南，抵達廣州再輾轉來臺，長達幾千公里的路程，不斷躲子彈、討飯吃，走到腳起水泡，「都是白白的水泡，腳都不能落地，」一邊走邊爬也不敢休息，不敢掉隊，深怕一停下來跟不上隊伍，會被共軍抓走。

除夕想家，跑到山上去哭

沿途喝生水，挖野蘿蔔吃，好心人給的乾糧，沉重揹在肩膀上，逃到湖南，「大家都想家，春節年三十除夕要包餃子，這時候最想家裡的餃子，突然找不到同學，原來都跑到山上去，去哭……。」哭聲迴盪在無垠無邊的山野中，沒有迴聲，沒有人聽到可以給予些微安慰。

離島受教育，年輕人以知識報國。

十月深秋，國慶剛過，北方已經很冷了，她穿著單薄，跟著逃難的隊伍埋頭往南，一路上飢寒交迫，還得躲子彈。鄧曙思來想去，還是跟著學校走比較保險，因此走了上百公里，千辛萬苦來到南京，教育部竭盡所能分給每個學生一點零錢買三角大餅，吃得可香了。「我們喝生水，經常挨餓，腸胃很不好。」所以另外又買一小瓶「十滴水」帶向征途，鄧曙到現在還保存這小瓶子，紀念艱困的逃難歲月。

◈袁大頭買了一把口琴

恢復學生身分後馬不停蹄趕往瓜州，與流亡的師生們會合，逃到村莊肚子餓，只好敲門問，「好心的大娘，可不可以給我們一點東西吃呀？」

興起惻隱之心的村民，一湯一飯的救活了可憐無助的流亡學生，跟著濟南

悠悠口琴聲中，多少往事湧上心頭。

第四聯中南遷。「教育部當時有發給每人一塊袁大頭當路費，讓我們想辦法去廣州集合。到了廣州別人都去買吃的，但我餓著肚子買了一把口琴。」以悠揚的琴聲陪伴自己度過戰火，也是離家孤寂後的心靈慰藉。

「我好像天生還挺有音樂細胞，」自己找到音，無師自通的躺在地板上等船，練呀練的，「我的家庭真可愛，兄弟友愛父母多慈祥。」鄧曙吹起熟悉的旋律。七十多年過去，直至今日，這把口琴仍被完好如初地收藏著。採訪時，鄧曙邊吹口琴，邊講述過往點滴，開朗的她把悲歡離合講得異常生動。

戰爭的無妄之災，未波及女生

師生一路到了廣州、再上船抵達澎湖，「七一三事件」此時爆發流血衝突，高個的男生上台抗議說自己還沒到當兵的年齡，是來讀書的。但是，刺刀鎮壓，不由分說被送到漁翁島當兵。

所幸戰爭的無妄之災，沒有波及女生，鄧曙幸

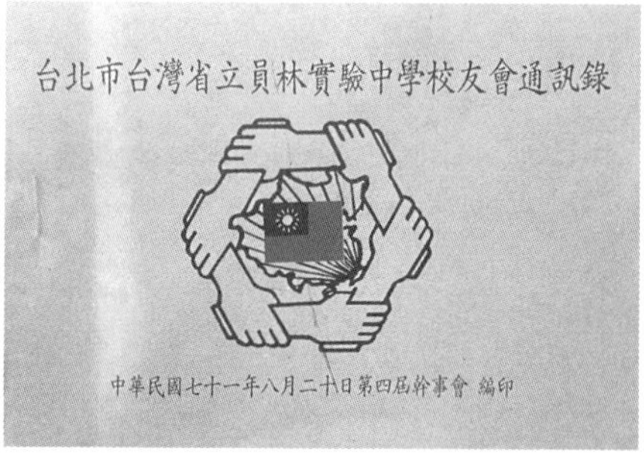

一九五三年隨校遷至彰化員林讀書到畢業。

運的繼續拿起書本，面對一切刻苦與克難。寢室是教室，也是餐廳，上課坐起來，到吃飯時間了，像汽油桶一樣的大鍋飯就擺在操場上，排隊領取，讓青春期免於飢寒。

被編入「澎湖防衛司令部子弟學校」後，功課出色，一九五三年隨校遷至彰化員林讀書到畢業，台語不通的鄧曙取得小學教師資格，也與同鄉的先生結婚生子，共組和諧家庭。「先生年長我十歲，很讓著我。」鄧曙指指天上說，恨想念他。

來台北取得小學教師資格，春風化雨。

枯樹殘枝，沒見到祖墳

兩岸開放，離家近五十年的她飛越千里返回故土上墳，所有想像的鐵幕悲劇，也真實在神州出現。母親已經在文革的大難中過世，回到家鄉，連墳墓都遍尋不著，哥哥姊姊告訴她，「就那棵樹下面」遠遠一指，就只看到枯樹殘枝，墳在哪？不禁熱淚盈眶，當下就淚不停。第二次再回鄉時，大姊也走了，「時至今日，鄧家兩岸整個家族，長輩只剩我一人。」能吃能睡很健康，樂觀又開朗。人生九十才開始，九十七歲也可以活成「九〇後」。

鄧曙常一個人獨享小火鍋，是整個店裡唯一的單身銀髮，滿滿一碗白飯吃光光，還多燙了一碟白蝦加料。「避開加工食品，注意養生就會健康。」聽周邊人講更年期，什麼有的、沒的，都感到陌生。「還有一件驕傲的事，我牙齒半顆都沒壞，你看……。」她亮出晶亮潔白，這是一天刷三次牙的自律結果，「我還有三塊肌。」撩起半截上衣，摸一摸，真的硬梆梆。

歲末跨年晚會落幕那一刻，迎接新年，鄧曙就當「年記」般的記錄整年心得，「多彩多姿不是榮華富貴，而是酸甜苦辣。」她終身維持自立自強的獨立風格，一

簡潔中獨立不拘，自立自強。

個人過日子無病無痛，晚睡晚起。她如是說，「老師退休金，一輩子花不完。」兒女打電話來問安就好，寧願自己獨享空間，絕不請外勞，「家裡有個人，走來走去多奇怪。」從來沒發生過任何突發事件，「萬一有事，我可以打手機，警衛很快來幫忙。」

豁達是長壽之道。而，鄧曙也做到了。

鄧曙

小檔案

一九二八年生於山東棗莊，中興煤礦被日軍佔領，從小受的日文教育，跟著山東流亡學生以口琴療癒，遷臺被編入「澎湖防衛司令部子弟學校」，一九五三年定居彰化員林，在台北取得小學教師資格。

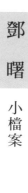

我來玩的 不是逃難的

鄭峮岩

青島淪陷之前，父親叫鄭峮岩去臺灣投靠未婚夫，雖百般不樂意，卻因此幸運躲過內戰浩劫，「我是來玩的，不是逃難的。」她由衷感謝上蒼，此生受到莫大眷顧。

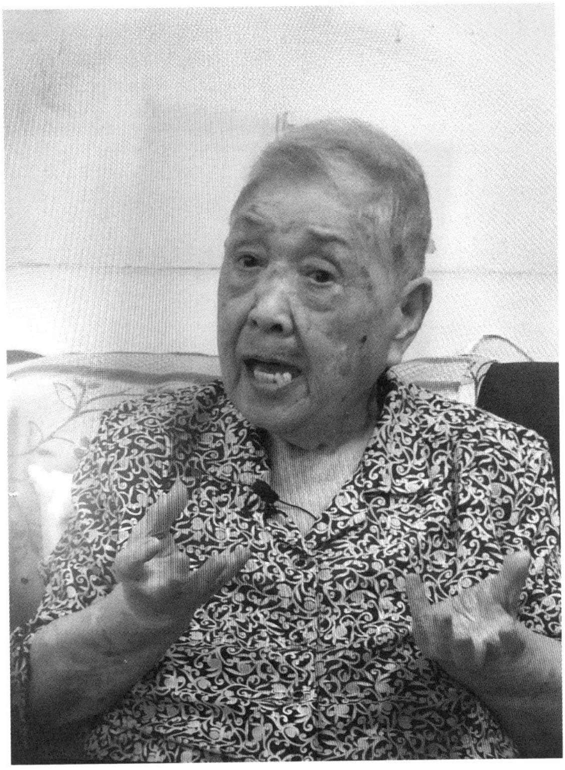

老而彌堅的鄭峮岩，頤養天年。

雙手合十，鄭嶍岩表情豐富又字正腔圓說，「感謝上蒼，我很幸運，沒有吃到太多苦頭。」這位因見多識廣，曾經風雲了山區小學的國文老師已經九十三歲，躲過大時代的抗日與內戰，越過戰爭的飢荒與流離，卻始終福氣滿滿，被親人疼愛，受老天眷顧，渾然不知人間尚有愁苦。

一九三〇年，鄭嶍岩出生在山東青島，父親經商致富，熱鬧的黃金地段擁有許多高級店鋪，生意做得風風火火。唸聖功女子中學的她一出生就被捧在手掌心上，「爸爸最疼我，要天上的星星，也想辦法摘。」無論吃穿都高檔有專人打理，富家千金一輩子不缺錢，也不知錢為何物，從小玩到老。

樂不思「魯」，跨不過黑水溝

一九四八年，做生意而對外界敏感的爸爸察覺局勢已大亂到難以收拾，眼見青島即將淪陷，就不再遲疑的快速幫最捨不得離開身邊的掌上明珠買好船票，訂了航程，準備厚厚一疊比黃金輕便的美金，打理妥當，伺候千金大小姐坐船到臺灣。

鄭嶍岩當時還百般不樂意呢，「我們九個小孩，每個人都有一個奶媽專門照顧，我離不開這樣的舒適生活。」家裡錢財堆積如山，愛怎麼用，就怎麼用，從來不知「窮」和「苦」。所以她根本不知道什麼是有錢，什麼是沒錢。

之所以要她去臺灣，是因為未婚夫已經先一步找到工作，兩人遲早完婚。

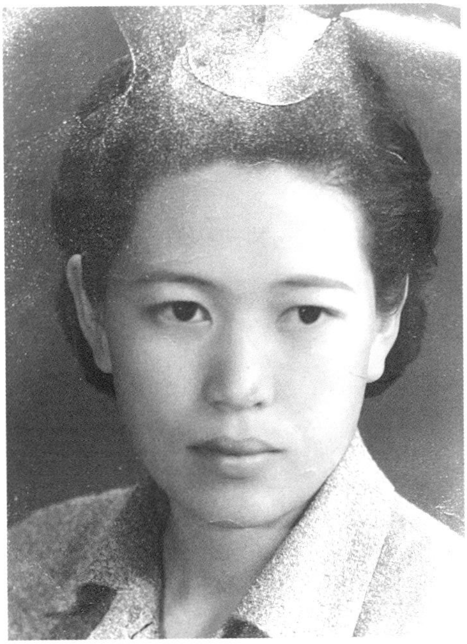

生長在富裕之家，荳蔻年華到處玩樂。

對千金小姐而言，去臺灣其實只是旅遊散心，縱使百般不樂意，也終究啟程走上遊玩之途。這一遊，樂不思「魯」，等遊畢想回家，再也跨不過黑水溝，就回不去。「我是來臺灣玩，不是來逃難的。」她強調。幸運的是躲過烽火，不幸的是，從此流落小島。千金總是這樣告訴自己，也告訴大家，自己是來玩的。

那曾想過碰到世紀大分裂，中國歷史上最大的遷徙，給碰上了。

盤纏豐足，船上維持高水平

登上逃難之輪，四周雖然都是可憐倉皇的無助人潮，攜家帶眷、嬰兒抱在手上沒有食物，沒地方睡，亂成一團，鎮日哀嚎連天；但鄭岵岩住在單獨的大房間，貧富兩個世界。「我沒有受到驚嚇，爸爸拜託朋友帶我上船，給大家很多錢。」盤纏豐足，船上的日子照樣維持著高水平，充斥著華服和美饌。

「我在房間，關著門，也不知外面逃難的人在受苦。」揮霍之下，離基隆上岸還有幾天，美金就幾乎花費見底，但當時還是天真不知害怕。

三句話就強調「沒受苦」，是因為身邊最親的父親、丈夫、兒女都把自己當這輩子最重要的人，到學校教書也大受歡迎。從山東帶到臺灣的美金雖然越用越少，但得到的愛，卻相對越多。丈夫比鄭岵岩年長十歲，婚前受到鄭家如親人般的無微不至照顧，到臺灣的順利發展又是岳父事先安排妥當的，一切恩澤，盡心回報到千金小姐身上，也還覺不足。

並非愛情，是亂世的妥協

「到臺灣住在單身宿舍裡，一定要結婚的，沒什麼好，也沒什麼不好。」在鄭嵋岩看來，和未婚夫並非愛情，其實是亂世的妥協，好在始終幸運，碰到好男人，更因長時間受到疼愛，婚姻漸入佳境。

上班累了一天，丈夫還是為全家下廚料理三餐，任勞任怨。千金老婆鬧鬧性子撒撒嬌，也安撫為第一上策，「我們從來沒吵過架。」就算是父母作主的娃娃親，十七歲就訂親，兩人也沒經過談戀愛這一關，丈夫其實更像兄長，但婚姻恬淡平靜如倒吃甘蔗，一子三女都顧家孝順，也圓了天上父母的心願。

兩岸月圓月缺中，鄭嵋岩始終認為婚姻是此生幸運之一，這輩子都被視為「長公主」而受到簇擁。初抵臺灣本該直接去台中找未婚夫，卻年輕貪玩，青島的盤纏成為交際費沒多久花光光，「留在台北，整天在外面找朋友吃喝玩樂。」

當初完全不知家裡訂了親事，等訂婚，才知道自己的丈夫居然是哥哥在青島電信局同事。她回憶，從鄉下來鄭家寄住的趙篤先勤工好學，英文非常厲害，早被鄭家老爺相中做女婿。家大業大，需要一個能幹的青年才俊當乘龍快婿，繼承衣缽。

最要緊的，是女兒終身可託可付。「先生在青島老家住過，瞭解我的一切生活習慣，我的脾氣也清楚。」到臺灣照舊做公主，丈夫給予的疼愛與寵愛，包含著恩情。

鄭老師在學校是風雲人物。

兒女雙全，感謝上蒼莫大眷顧。

劃開存亡邊界，躲過浩劫

丈夫在電信局擔任翻譯，公務員的微薄薪水無法應付一家六口的龐大開銷，無法節流，就必須想辦法開源。一九五五年，臺灣正大力推動國語教育，講話字正腔圓的鄭峿岩當上了非常稱職的小學老師。

這條路，絕非愛玩的活潑少女所追尋，卻非常合適。「被派到埔里山區教書，師生跟家長都對我都很好，因為當時要推國語教育嘛，大家都要跟我說國語，所以我根本沒機會學台語，遇到聽不懂的時候，學校還請專人幫我翻譯。」鄭峿岩說。

推動國語教育的這一年，先禁說日語，再禁閩南語、客語及原住民語，口號「語言不統一，影響民族團結」，整個社會的氛圍放在「說國語才愛國」。學校必須講國語，電影院禁播方言和外語電影，電視劇也有時數限制，所謂閩南語連續劇和歌仔戲，阿公阿媽再入迷，也僅有晚間一檔。「那時候能說國語的人好少，更何況，我說的還是帶北京腔的標準國語。」

即便是外省人，但憑著豐富的人生閱歷，加上大方的性格，鄭峿岩很快就成了學校的風雲人物。她對錢從不計較，同事有困難她一定盡力解囊相助，「很多老師單純都沒見過世面，交際應酬我又最在行，校長請客還要拜託我拿主意。」喜歡跳舞，超會熱場的鄭岧岩說，「自我來臺灣之後，幾乎沒受到什麼磨難，一切都過得很順遂。」當年父親的一個「跳島」分離決定，竟造就了自己天差地遠的人生，其他親人留在青島的際遇，卻相反的都成為悲劇。

離開青島，躲過一劫

每個人都要臣服於命運安排，「萬般皆是命，半點不由人。」從沒有受過苦，烽火歲月遭遇的生死存亡離她很遠，雖然回不去故鄉，卻劃開了存亡邊界，躲過浩劫。

兩岸阻隔的思鄉痛苦，既解決不了，也就只能放下了。「從此以後，碰到過不去的事，都會覺得算了，想不通，就不想了。」一九八八年帶著大陸親戚喜歡金子鐲子回到老家，原以為真正療癒與補償。可是，想念親人是一發不可收拾的，回到臺灣繼續尋常生活，還是留存大陸老家的暗沉，心中總有一方角落，為家人感傷的留著。

「返回青島探親，父母早已過世，兄弟姐妹也在文革中歷盡艱辛，讓我這鄭家長女虧欠又感慨。」鄭峮岩說，「我很幸運呢，當時很不願意離開青島啊，結果竟然躲過一劫！」再度重複自己被上帝撿選。

回憶的浪潮打來，最痛心的是親情，最難捨的是手足。父親安排她來臺灣後，沒多久青島家產就遭到共產黨清算，不只財產通通被沒收，一家人也在山東從天堂跌到地獄，忍受百般屈辱，溫飽無著，穿著補丁去垃圾場撿菜葉裹腹。「我父親冷靜有智慧保住性命，最乖，人家叫他往右邊就往右，叫他往左，就往左。」鄭峮岩傷心的說，大家都苦不講

富家千金到臺灣，並沒有落難。

究，能吃飽就不錯了。

生死來去如風，如此猝不及防，哀悼的旅程遙遠崎嶇。美國詩人瑪莉·弗萊有首詩，描寫這位國文老師回鄉的祭墳心情。「不要站在我的墳前哭泣，我不在那裡，我沒有沉睡。我是千縷微風吹，是輕輕的飄雪，是柔柔的落雨。」

老而彌堅的鄭嵎岩感謝老天爺的安排，更慶幸自己當初來到了臺灣，亂世之中能有這樣的際遇，實在十分難得。如今在兒孫的陪伴下頤養天年，身體硬朗，照樣吃吃喝喝、到處玩樂，還翩翩起舞宛若少女，八十年前的玩心未變，真的是從小玩到老。

鄭嵎岩

小檔案

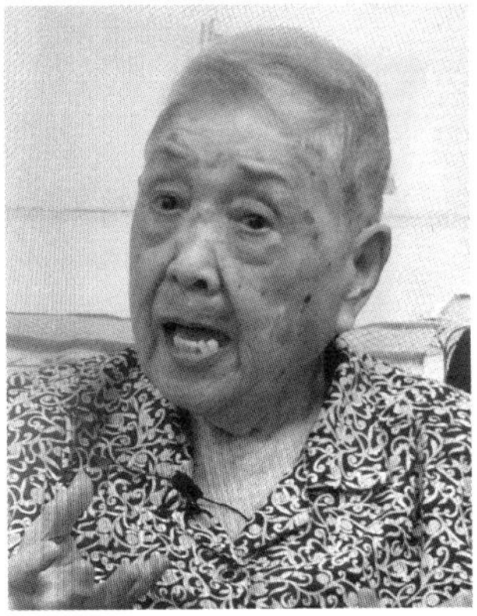

一九三○年出生山東，父親經商有成，十五歲荳蔻年華與趙篤成訂親，青島淪陷遷台，一九五五年埔里山區教書，一九八八年返回青島探親，有福的富家千金一生遠離苦難。

輯六

亂世的白袍勇士

這個時代需要更多的胡一刀

胡秀苑

烽火無情，深覺戰地的生死瞬間，醫生若即時診斷，傷兵尚有機會求生。因此自告奮勇投身野戰醫院，被封「胡一刀」實至名歸。

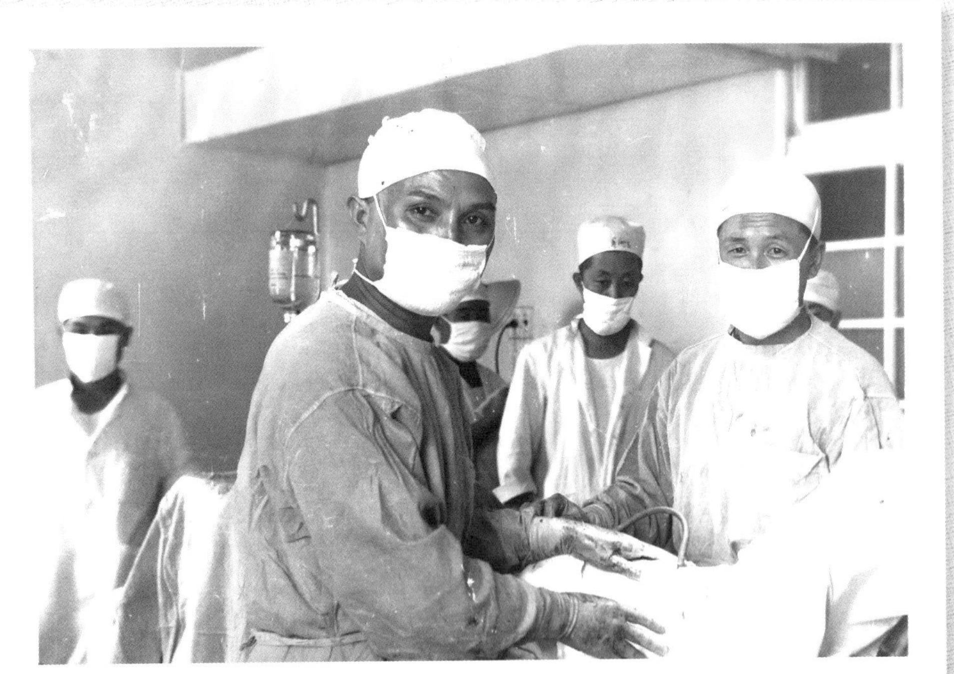

在前線付出仁心仁德，戰場救人分秒必爭。

嚴肅的外表下，有顆溫柔的心腸和精湛的醫術。白袍軍醫胡秀苑以百歲加四高齡，化作千風與世道別是在二〇二二年，他以身作則的終身保持最佳戰鬥狀態，無論戰爭或和平，都站在醫療最前線。

遠征軍時期眼神炯炯，陸軍八〇三總醫院外科主任十三年，展露了神醫氣概，自行開業後更文采醫術雙全，「胡一刀」密密麻麻的將人體每個器官描繪得鉅細靡遺，醫學手稿繪圖如工筆大師般。辭世之前都還不顧臥床的不便，想坐輪椅上飛機，返回老家再看最後一眼。

忠於職守，處事極爲謹慎周全

「診前做了萬全準備，一刀就解決問題，讓病人恢復健康，」子女記得他席不暇暖的敬業，「經常吃飯吃一半，電話來就立即跑出去救人。」開刀前對病況及資料詳盡做功課，若沒有原文書，就用手抄。從胡秀苑辭世後捐贈的手術器材及泛黃的美軍急救繃帶，還有紗布包和棉花包，寫滿英文的小盒子……看來，無一不是珍藏超過半世紀的良醫旅程。

國家與領袖的要求，都一定敬業的做到。

兒女沒想到爸爸收藏舊物這麼周全厲害，「醫療用品保存是生命中很重要的起點，攸關他決定要為中國軍隊做一個好的野戰醫生。」兒子胡良雄感念爸爸忠於職守，處事極為謹慎周全，外科手術的專業養成，讓爸爸對生活也是一板一眼，「他就是那樣一個人。」

忙到得了心包膜炎也無暇休息，為了病人益處，除了前置充分周詳外，生性嚴肅的胡秀苑更將繁複的概念與厚重的知識，轉為淺顯易懂的庶民小貼士，充滿人文的祥和。

放棄藍天夢想而穿上白袍

胡秀苑一九一九年出生於湖南晃縣，這個小縣純樸寧靜，日軍侵華後轉眼生靈塗炭，滿目瘡痍，日本飛機老是在家鄉的藍天上飛，炮彈四射，胡秀苑一腔憤慨，非常想把日本鬼子拉下來，因而報考了空軍要飛上藍天抗敵。但是，天不從人願，親友數次阻攔而功虧一簣。

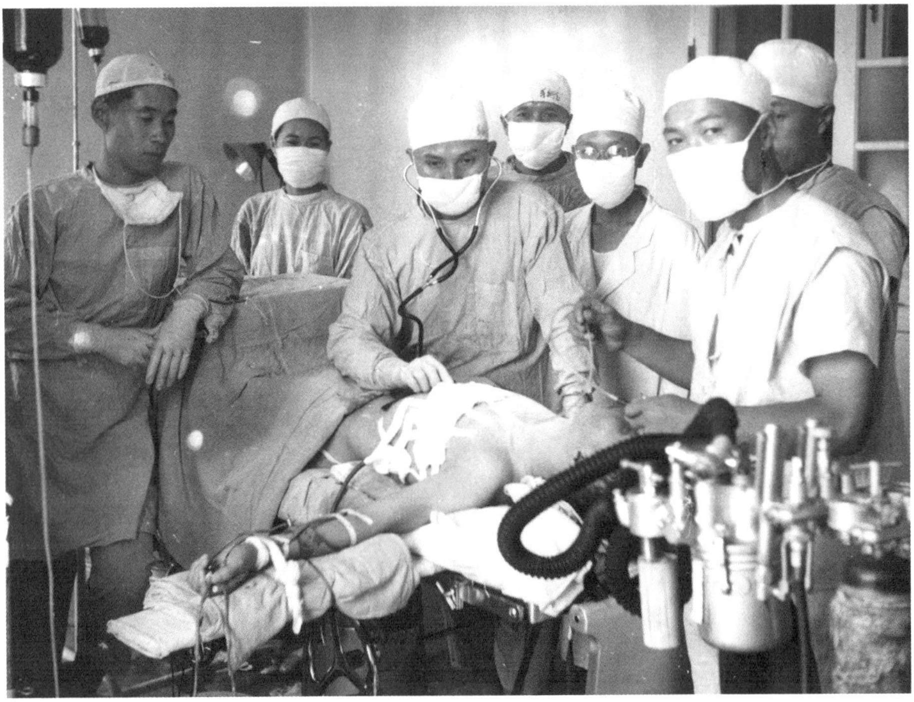

立志成為優秀醫生，胡一刀名不虛傳。

被淘汰後，只好放棄當空軍的夢想而轉考國防醫學院從醫。一九四四年，國難當頭，胡秀苑加入孫立人將軍遠征軍，遠赴印度緬甸醫治傷兵。「那時中國醫療技術十分落後，看到盟軍的優良設備和技術，更下定決心為中國軍隊奉獻，做一個優秀的野戰外科醫生。」那時才二十五歲，年輕而好奇，傷患還沒送到，他就先跑到前線看「打仗」。咻咻一聲，炮彈打中耳朵，成為戰爭中的第一場震撼教育。

砲火下被擊中，讓他體會到戰爭無情，更深覺戰地醫療的急迫性。生死一瞬間，若有備藥，醫生也即時診斷，傷兵尚有機會求生。

◈ 國共對峙，倉皇遷往臺灣

立志成為優秀醫生的宏願，讓胡秀苑回到上海總醫院繼續為民治病，不久國共對峙，戰火中跟著醫院一路撤退到海南島，赤燄滔天的一九四九年，胡秀苑受到同學幫助倉皇遷往臺灣，「碼頭非常緊張，擠得寸步難行。」機關槍掃射的聲音清晰可聞，帶著護理師妻子往前拼命跑，穿軍服的軍官以通行證，經過守衛的士兵一關又一關的盤查，總算擠上輪船來到臺灣，一路有說不出的波折。

同年十月，金門爆發古寧頭戰役，臺海前線陷入危急，醫療資源迫切需要。此時正是用武之際，三十歲的胡秀苑憑著遠征軍一年的野戰醫療實務經驗，自告奮勇前往馬祖。

大陳島正在激戰，馬祖也被中共炮彈到處轟，「那我爸爸就說他願意去，毫無醫療設備的外島，空地搭起一個帳篷拿手電筒照明，簡單的手術器材消毒乾淨，就這樣幫患者開刀。」女兒回憶。

器材雖然非常簡單，卻是救一命算一命，從早到晚與傷患的生命拔河。十個月後，「打包」回臺灣那天，突然響起鞭炮聲，「前線怎麼有鞭炮聲？難道炮彈又打來了？」原來是馬祖百姓歡送的謝

忠於職守又謹慎處事，外科醫生一板一眼。

意，「醫生份內該做好的事，我的責任，不求回報。」用這句話道別了馬祖，帶著滿懷對醫療新知的渴望，前往美國持續進修，國際視野讓他發更大的救世心願。

回臺在陸軍八〇三總醫院擔任外科主任長達十三年，之後到省立臺中醫院就職，一九七四年開設了胡外科診所，「胡一刀」這一生從來沒離開過手術刀。

與護理師結緣，夫妻恩愛到白頭。

動亂中，堅持自己的理想

少小離家，無一日不去回想雙親溫暖的懷抱。一九八八年，兩岸相通，胡秀苑踏向返鄉之路，在湖南終於見到了思思念念的親人，「萬惡的共匪，讓我們和父母分別了二十年，」天南地北的敘前述後，哭哭笑笑，有時候淚水剛收，又被觸動了什麼，哇啦一聲……，哭得更加傷心。

動亂中堅持理想，守住專業本份，胡秀苑最慶幸的是帶著妻子南遷的決定，「還好，我跟著政府走，否則那有今天。」在臺

對新知存有深切渴望，投入醫療再進修。

灣享有和平安定，他百分百信任政府，國家的要求，領袖的要求，都一定做到。

選定軍醫，是職業，更是志業，且行且愛，且珍惜。

胡秀苑

小檔案

一九一九年出生於湖南晃縣，因日軍侵華報考空軍未錄取，轉而從醫參加遠征軍，擔任外科主任，愛國親民又堅守軍醫本份。

出走滿洲 再現華夏風骨

孔德相

中央軍收復東北，孔德相才慢慢察覺自己是中國人而非日本人，民族意識覺醒而從軍。遷臺行醫符合史懷哲人道奉獻的利他精神，為處於黑暗的人點燈，指引光亮與溫暖。

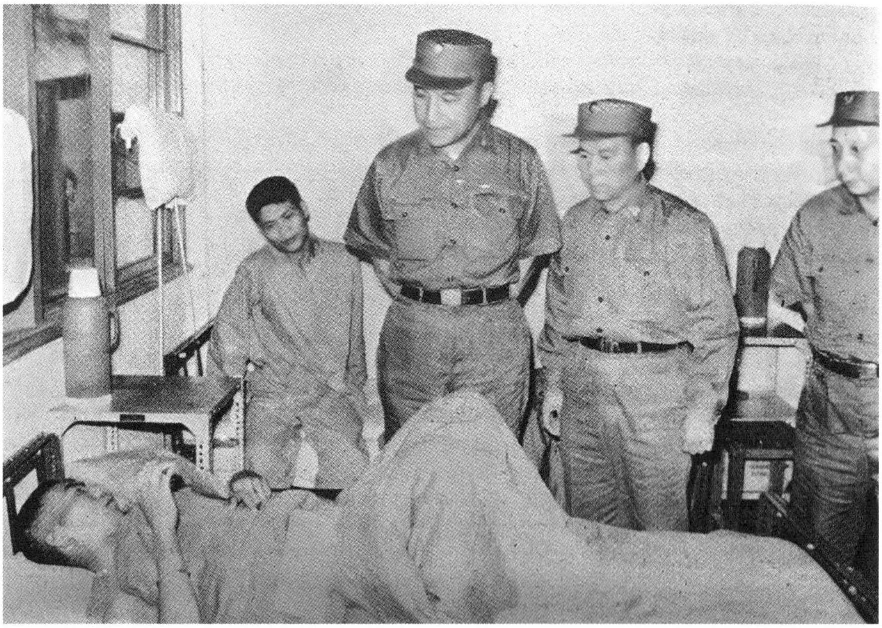

軍醫救死扶傷，助人跨過生命關卡。

歷史課本讀到的滿洲國，是一九三二年，由日本關東軍發動九一八事變控制滿洲地區後，拉攏前清宗室及漢人將領而建立的傀儡政權。「就我記憶以來，日本人已佔領東北，名義上叫滿洲國，其實都由東洋軍長期的控制愚民政策，根本不准我們提中國的事。」

知道何處來，要往何處去

孔德相一九二四年出生在大東北，抗戰勝利前壓根兒不知這世界還有中國這個國家，自己流著華夏的血液。山東鬧大飢荒就跟父母親搬到東北吉林省下田種地，「日本人不許講家鄉話，一般民眾很愚蠢，對亡國的感受很薄弱，」自己從小也缺乏愛國意識，對自己的國家沒什麼感覺，甚至連清朝秀才祖父也搞不清楚。

學校徵選老師，最後一關口試，規定一字不差唱「日本帝國國歌」，可以想見當時幾近亡國的氣氛，有多深，「孔子後代嘛，愛惜自己的光陰與身世，總是聰明會讀書的。」所幸滿清秀才祖父開設私塾，他跟著讀了許多四書論語，才奠定了極佳國學底子，在東洋教育下未曾忘本，否則以自己剛烈個性，必然難以兩全。

因家學淵源，中國字認識很多，中文基礎好，只是不知道國籍而已。聖賢書讓孔德相認知，「古人學問無遺力，少壯工夫老始成」，書本學問畢竟淺顯，要走向大世界實踐，才能有更深刻的體認，「書山有路勤為徑，學海無涯苦作舟」。

一旦瞭解自己流著中華民族的血脈，含著國仇家恨的良知，就再也不肯講日本話，打心底追求民族認同，補足過往失根，再現華漢骨氣。自此，開始認識自己的身分，欺壓良民的日本人走出生命，他知道自己何處來，要往何處去。

史懷哲奉獻的利他精神

遇到國難，唯有堅強，「日本鬼子成不了大事，中華民國必然一統江山。」從軍是抗戰勝利後的熱血出路。太陽旗倒了，日本人跑了，中央軍雄糾糾氣昂昂進城，知道自己是中國人的二十歲，血性正炙而投軍，再方面也希望光耀孔家門楣。

一九四五年，孔德相加入五二軍，這支軍隊遷臺後成為島內防禦部隊的主力。他以在醫校累積的專長，在最前線見證戰爭無情，看盡了所有與死神拔河的人間悲劇，用擔架抬到眼前的斷掌殘肢，耳邊響著傷兵求生的哀嚎，軍醫包紮後再用大車往後方送，從白日到夜晚。「感謝上蒼保留了自己一條命在人間。」這些忘不掉的壯士陣前犧牲，讓他行醫後更下定決心，追求史懷哲人道奉獻的利他精神，為處於黑暗的人點燈，讓苦難得到指引與溫暖。

傷亡慘重的火燒船事件

鬼門關前被拉回人間，最難以忘懷的有兩次。第一次是跟著軍隊一路打仗一路撤退，來到營口這個中國東北近代史上第一個對外開埠的口岸，一九四八年碰上傷亡慘重的火燒船事件。

同向的航行裡，船上擠滿難民無一空隙而混亂不堪，想上的

原受日本教育，抗戰勝利後覺醒中國人的身分。

上不去，想動的不了，船一搖晃，許多人因過於疲憊沒抓牢纜繩，被晃進海裡，噗通聲後，激起了水花。孔德相也擠在人群裡想上船，但是沒成功，正感到窒息而困乏，突然聽到爆炸聲，整條船起火燃燒，燒紅了半邊天，慢慢往下沉……。

「好在當時弱小，力氣不夠沒擠上船，否則人就沒了。」幸運逃過一劫，面對大量傷兵，多數根本來不及搶救而無力回天，這一切遺憾都讓他看得更透澈，「生死不由人呀！」

第二次逃過死劫，是一九四九年隨著部隊遷臺之前，大江南北已赤焰橫流，歷經國共錦州之戰、葫蘆島撤防戰役、上海保衛戰，一九四〇年先從舟山群島後到臺灣，分發金門八六五野戰醫院服役五年，奉行中華「功不唐捐」道理。

上校退役，解甲歸田

野戰醫院一般比臨時救護站大，比永久性醫院設施小，為時代留下前線救人的印證。古寧頭戰役過後，台海對峙，依循軍隊編制而由軍方輪流派遣軍醫駐診。

八二三炮戰開打，彈如雨落，戰地前線緊急為傷患處置，土溝挖掘出洞穴空間，以擔架充當病床，醫療箱代替藥房，設立了緊急的軍民診療間，也搭起帳篷來開設門診，為軍民進行基礎看診與醫療。

野戰醫院有位飽讀詩書的同事還這樣寫過，「灼熱的空氣，隨火焰迅速竄升，一個戰火蔓延的地域，在雙方充滿敵意的窺視，像一觸即發的摩擦火柴，放置在燥熱的燃點邊緣，在一條燈火寂滅的街道，走過喧囂冷卻的廢墟，在焦黑的瓦礫裡翻找昨日的輝煌，風中傳來徒然的悲傷。」

夫妻相守的履痕印證，恬淡自適看待悲歡。

孔德相曾經抄錄帶上沙場，鼓舞著自己的意志。他也記得，土洞逢雨必淹，刮起大風雨就土石鬆動坍方，人被掩埋在洞內時有耳聞。戰火漫天的年代，甚至發生過待產的孕婦遭到從屋頂墜入的炮彈命中而喪生的悲劇，送到野戰醫院也搶救無力，慘況令人鼻酸。

歷經八二三砲戰等重要戰役洗禮，一九七五年以上校官階退役，解甲歸田，急流勇退。「真是不敢回想的艱困。不到五坪的土磚陋室還漏水，刮颱風就垮，用水要去外面的水井提，電燈是接花線的黃燈泡，廁所在百公尺之外，沒門。」小小房間兼臥室客廳和廚房，孩子擠成一團。

省籍情結是開業的關卡

雖然艱困，生活卻明顯一天天穩定好轉，「當初若沒來當機立斷遷到臺灣，留在大陸必遭文革整肅。」他感嘆，自己義憤填膺，容不得詆毀，面對可能的迫害，必然饒不過的來招手。「普通死輕如鴻毛，若為了保國衛民，

道不盡的相思淚，和曲折的人生相應和。

為了國家這塊土地，這死，才是重如泰山。」

抽刀斷水水更流，世間事莫吐怨氣，孔德相總無懼的往好的方面讚揚。調回本島後歷經淬礪，砍掉內心的雜念，跳出熟悉的小天地而進入軍醫體系。另一方面來看，和平歲月來臨，也因安穩侵蝕鬥志，逐漸淪為平庸，雖是避風港，也困住了進步的腳程。「蚌歷千般磋磨，才能孕育珍珠，松經風吹雨打，方能傲立峰頂。」

孔子後代不甘困守，於是主動選擇了改變而往民間開業，等待涅槃後新生。省籍情結是開業的初步關卡，新竹客家人較排外，搬到「草地人」的三重後人際大為改善，受到空前歡迎與尊重，菜市場歐巴桑友善熱情人拱人的來看診，三十年來，孔醫生普渡眾生，福澤好幾代人。

◈醫生養生，抓得住大絕招

回想長官曾經數度嘉勉，「郝伯村將軍對你很賞識，你很有希望升將軍喔。」但是，娶妻生子是一家之長責任的開始，離開軍中部隊往民間開業，只因現實擺在眼前。同事當時還開玩笑，「孔院長，你想發財呀？」其實一切考量都是為了五個孩子生計，「軍醫月薪三千多，養五個孩子有困難，實在是不夠用。」他坦誠說，由軍轉民，無非為了多多賺錢來改善家庭經濟，給一大家子過上好日子。

老伴的悉心照料，是長命百歲的主因。孔德相記取南投妻子千百般的優點，雖然沒受過教育，小學都沒畢業，但會講日文，知書又達禮，「老伴細心的用葵瓜子剝皮磨成粉，熬進牛奶當營養早餐，天天都一碗，我才有這樣的硬朗身體。」愛的早餐伴隨老伴的處世智慧，「臉上無瞋是真布施」，孔德相無一日忘記這句警世之語，叫子孫奉為行為準則，終身受用的跟著學習。

「當了一輩子的醫生，了解

老天爺眷顧，才能活到九十九。

戰爭的殘酷、也曉得生命的短暫與可貴。」長命百歲真不容易，硬朗醫生總抓得住養生大絕招，為自己注入長壽妙計。「尤其走過戰亂而大難不死，更覺萬中挑一的慶幸，大半生已受上天恩待，每天都充滿幸福，沒有怨言。」願孤單的人得到溫暖，哀慟的人得到安慰，以柔軟慈悲來看這是多變的世界。

孔德相

小檔案

一九二四年出生於日本統治的滿洲國年代，抗戰勝利後加入五二軍擔任醫官，經歷錦州之戰、葫蘆島撤防戰役、上海保衛戰，先到舟山群島再調到金門八六五野戰醫院服役，上校退役後民間開設診所。

十七歲就當醫官 全臺執業最高齡

曹志屏

「醫生是職業，要有職業感，不能為了看病而看病。」全臺最高齡的執業醫師擁有超強承受力，獲頒醫療貢獻獎，因戰亂更感覺生命可貴，將造福病患擺第一，義無反顧，當成一輩子的無悔志業。

國寶級醫師以造福病患為志業。

雖然老了，但美好的仗仍要無悔的持續打下去，年少從軍為抗敵，戰後行醫的對手則是病魔。全臺年紀最大的骨科醫生曹志屏無愧診所的活招牌，搭公車自己上班，自己下班，也不用拐杖，「都很OK……」遠觀近看，頂多都只是花甲之年而已，那視病如親的笑容，尤其療癒，圈住許多鐵粉。

他自己也常說，「我很幸運，這輩子做什麼都很順利，再大的困難都可以解決。哈哈，叫我國寶醫生，真誇張，沒那樣嚴重啦！」問診的關切溢於言表，傷患不但減輕了病痛，感覺有親人在身邊噓寒問暖，朝好的方向走，痊癒更加速，帶來「國寶級」行醫七十年的至尊口碑。他每天朝九晚五去診所幫人看病，以專長外科及骨科披上白袍開業，老病號大小問題都來掛號，交付完全的信賴。

◈醫術無他，愛和行動而已

「醫生是職業，要有職業感，不能為了看病而看病，」曹志屏仔細的讓病人肩頸放輕鬆，問膝蓋內側還是外側疼？「肌腱本身有問題，不是骨刺，也不是退化。」

他大概是全臺最高齡的執業醫師，擁有超強承受力，終生服膺「醫術無他，唯有愛和行動而已。」映現澄明的心境及自勉勉人的情懷，以博愛助人度過生命的難關。

頭腦清晰、檢查講解心細如髮，舉手抬腿又仰頭，各類骨科檢查的姿勢都精準到位，最自豪的是，「從來沒有被病人告狀投訴過，大家都對我很親切。」搭公車上下班，健步如飛，更厲害的是，起身蹲下等各種復健動作也難不倒，難怪把他視為偶像的在地老病人不計其數，長年追隨而累積了一大票鐵粉，指名要給這位「國寶級醫師」看病，從外縣市來專程看診的，更絡繹不絕，

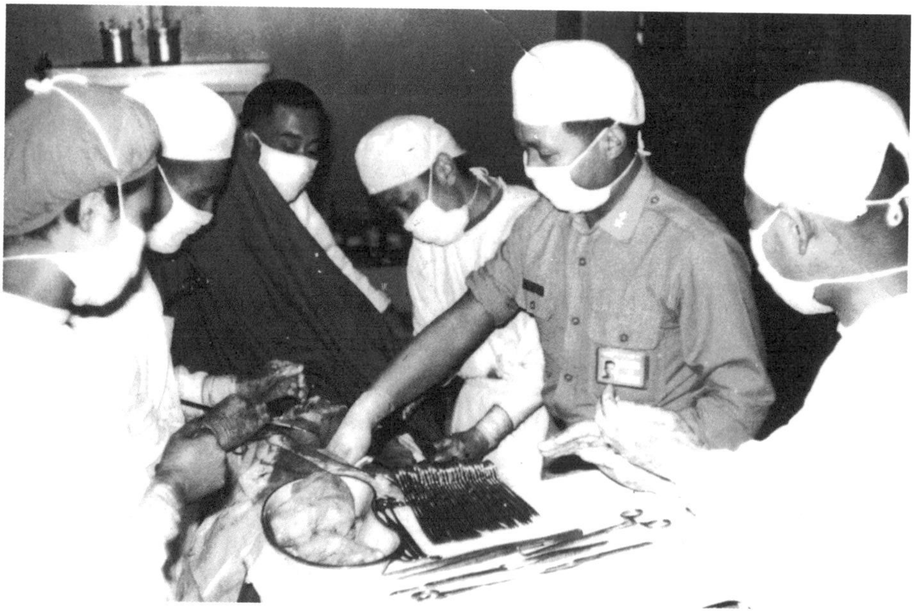

以外科及骨科的專長，診斷有條有理。

提著各式土產來感謝老醫生。

越南行醫，賺到高額生活費

一九五五年，越戰爆發，曹志屏加入駐越醫療團，到戰地搶救前線傷兵，付出白袍背後的專業與愛，累積了大量實戰經驗，獲得越南政府頒發的彰美勳章。「這是越南政府頒給第三國的榮譽，非常珍貴。」

到佈滿荊棘的他鄉既懸壺濟世，也賺到了高額生活費，「少校醫官，一個月

娶妻生子，擁有圓滿與福澤。

一千多塊薪俸，太太國防醫學院畢業後在榮總當護士卻有三千多。哈哈！」他朗笑起說，護士薪水居然比醫生還高，可見軍人嘛！待遇有夠差。當時大兒子才一歲多，女兒抱在懷裡幾個月，必須賺奶粉錢，「領到美金月薪六百五十元，當時的兌換是一比五十二。」上面一個命令就赴任，給予他意料之外的收入倍增。

海外戰爭現場行醫，看到最多的是被飛機掃射或流彈打到，輕則立刻止血，重則大動手術搶救，天天投入人間最慘烈的生死掙扎，在絕境中，體會命運的不可逆。「夫妻同時送過來，先生優先開刀，妻子往往等不及走掉，感到非常難過。」

未成年就是中尉醫官

回首前塵，唸山東四維中學時成為流亡學生，從鄉下遷到縣城，再遷到青島，雖然「混」到了畢業證書，其實沒唸到什麼書。將曹志屏帶往他鄉求生的，原本是爸爸最後一句話就，「什麼事情都可以做，就是不能做軍人！」

曹志屏牢記這個叮嚀，然而動亂不容選擇，終究還是走上從軍之路，成了流亡學生，以軍醫救苦濟世，一離開家鄉，就是四十年。「你這孩子……最後還不是當了兵？不聽爸爸的話，也不聽我的話。」姑媽這樣含著眼淚不捨的嘀咕。

住在姑媽家，因局勢動蕩，不知要做什麼，「那找得到工作？」心慌之際，街頭偶遇小學老師而絕處逢生，「你怎麼在這裡？最近在做什麼？」老師關心問，知曹志屏賦閒無事，就以愛才之心介紹他報考綏靖區司令部幹訓班醫護訓練中心，榜上有名後，開啟新的人生道路，居然十七歲未成年就成為中尉醫官，「不可想像

人生如逆旅，在跌宕起伏中勇敢。

的事情，」大陸變色後，一路從上海、江蘇杭州再到舟山群島，救死扶傷。

人生如逆旅，跌宕起伏。遷臺後住過屏東、四重溪與墾丁，總覺得沒有讀到書，發揮專長而虛度光陰浪費時間，「這樣下去不行，就算是醫官，又有什麼前途呢？」曹志屏發奮圖強考取國防醫學院後，分發到公館的八一六醫院服務，再到中科院附屬的石園醫院擔任院長，政府的祕密研究單位海外研習機會極多，對軍事科技發展也略知一二，支援核能及生化戰爭，「當年保密防諜意識不高，旅遊團居然指著中央研究院說，這是我們製造原子彈的地方。」他又哈哈大笑起來。

揮別服役當兵的過去，重新看到朗晴的前程。

早睡早起、清淡飲食

思鄉情切，礙於中科院身分的敏感，而無法探親，曹志屏於一九八五年，在兩岸開放前早一步繞道美國返回老家。父母雙亡，已無法盡孝，想到母親對自己全心照顧，「從來沒罵過一句，打過我一下，」就不禁悲從中來。這世間呀！骨肉無法團圓，人子無法盡孝是最大悲涼，唯有補償持家最辛苦的弟弟，在最苦的八〇年代，給家裡寄上三萬美金，當時非常好用。

歷經大陸變色的苦難，見證烽火殘酷，讓曹志屏抱持使命感，將行醫助人當成終生的志業，因醫術非凡得

一世長如客，今朝兩相依。

到勳章固然欣喜，但不輕言退休才更具歲暮活力，「世上苦人多，該把病人的福祉安全放第一。」養生秘訣無他，早睡早起、清淡飲食，每天運動三十分鐘而已。真正的長壽主因應該是不斷救世造福，懷著感恩的心，只要還有能力就行醫到終老。

這位老醫生堅信，風雲啟動固然和際遇有關，但更取決於個人的決心和毅力。不放棄，全世界必來聚合。

曹志屏

小檔案

山東四維中學時期因國共內戰成為流亡學生，十七歲來到臺灣，國防醫學院畢業後到公館八一六醫院服務。越戰時加入中華民國駐越醫療團，再調中科院附屬石園醫院擔任院長。

輯七

舊物絮語 典藏眷戀

一方郵票一世情

伍世文

一方方精美繽紛的郵票，堪稱國家的另類名片；看似安靜，其實滿滿敘述一個國家的文化歷史與發展軌跡。是怎樣的契機，讓一位曾位居上位的長官，也如此著迷於集郵？

伍世文一九三二年出生，祖籍廣東臺山，為前國防部長，海軍二級上將退役，收藏非常多本集郵冊，內容無所不包；由一張張繽紛瑰麗的郵票，呈現中華民國的歷史演遞。

伍先生的集郵興趣早在初中時期就已經開始，並加入上海集郵社，蒐集到不少珍貴郵票。父親伍根華先生為制憲國民大會代表，知道兒子喜愛收集郵票，故會為愛子蒐集與國民大會相關、並蓋有特別郵戳的郵票。一九四九年來臺之後，伍世文延續集郵的興趣，而髮妻張唯嫻正好擔任郵局局長；藉由愛妻的協助，郵票的收藏更為充實。

在珍藏的郵票中，有一枚郵票將原先二十元的票值改為一萬元，呈現抗戰之後民間通貨膨脹的現象。當時民間交易動輒以萬元計價，商品價格一日數變，造成社會動盪。郵票上印有的防空標示與空投炸彈圖樣，反映中日戰爭下的動亂背景。

「臺灣省實行地方自治紀念郵票」及「臺灣省三七五減租紀念郵票」，則是記載中華民國來臺後的地方自治與土地改革政策。「反共義士紀念郵票」與「大陸難胞奔向自由紀念郵票」，則反映大時代下的「反共」背景。

一枚枚郵票，呈現的不僅是國家特色與文化，更乘載伍世文先生與父親、妻子的緊密感情。

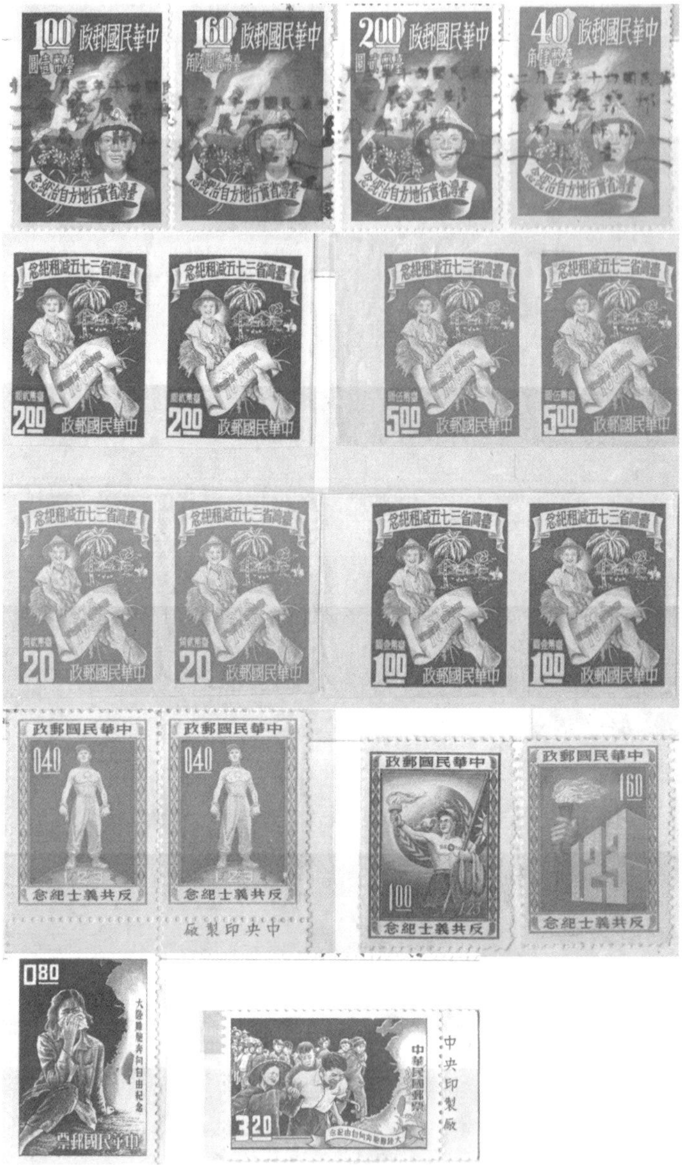
中華民國郵政
臺灣省實行地方自治紀念
臺灣省三七五減租紀念
反共義士紀念
中央印製廠
大陸難胞奔向自由紀念
中華民國郵票
中華民國郵票
大陸難胞奔向自由紀念
中央印製廠

圖像來源｜伍世文｜遷臺二代｜廣東臺山

愛與祝福，隨長命鎖來到異鄉

蒲玉蓓

鞭炮響，家家戶戶賀新春，大家都想求個好彩頭，平安順利，長命百歲尤為漢人文化中最誠摯的祝福。

然在醫學不發達的過往，老一輩總說孩子福薄擋不住煞，故在嬰孩出生後打造長命鎖寓意借百家福，替未成年的嬰孩趨吉避凶、鎖長命。狀元及第如意形長命鎖，即為民國三十六年蒲玉蓓的大哥於南京出生時，由外祖父（時任上海位育小學校長）贈予的禮物。

長命鎖為如意形鎖盒，正面刻著「狀元及第」四字，外圈則刻有兩條躍然向上的魚龍，寓意「魚躍龍門」，隱含家族望子成龍的期許。鎖盒反面的人物紋飾通常為神仙人物，此處刻劃的應是老子乘青牛西出函谷關一事。老子，亦有人稱其為太上老君的化身，其為躲避亂世乘青牛西去，僅留下五千言《道德經》。

根據《玄中紀》所言：「千歲樹精為青羊，萬歲樹精為青牛，多出遊人間。」青牛由萬年樹精化身而成，為太上老君（老子）坐騎，於中式紋樣上可意指長生。於長命鎖盒紋上老子乘青牛，即希望透過長者的福分，為嬰孩鎮惡擋煞，以求其順利長大成人，長命百歲。垂掛於鎖盒下方的鈴鐺為瓜果造型，象徵瓜熟蒂落，期望幼子平安降世、安穩成長。

借百家福鎖長命，暗藏著長輩對幼子的呵護與關懷。縱使因戰亂而使一家人橫跨山海，愛與祝福仍隨著長命鎖同來異鄉。獨有的中式浪漫含蓄而悠長，數十年後仍飽含愛意。

圖像來源｜蒲玉蓓｜遷臺二代｜福建福州

全民瘋籃球

李清傑

許多棒球迷們克服時差，常替美國遠征U18賽事的中華代表隊加油打氣，小將們不負眾望取得相當優異的成績。除了棒球之外，另一個受到許多人歡迎的運動就是籃球了，分享一張在一九六三年舉辦的第二屆亞洲籃球錦標賽門票。而這張票的主人是一位服役於金門成功隊（蛙人部隊）的李清傑先生所有。

這張票的票價為十元，以當時的物價來看，上等兵的薪餉約八十五元、少尉軍官本俸大概為兩百六十元，儘管是軍警優惠票，也不算便宜。這屆亞洲籃球錦標賽是由中華民國主辦，比賽場地在臺北市中華體育館（於一九八八年因活動造成屋頂失火，後來拆除，目前為空閒地狀態），共有八隊參加：分別是中華民國、韓國、菲律賓、香港、泰國、新加坡、馬來西亞、越南共和國（南越）。票券上面寫著預賽第九場的門票，賽事日程為十一月二十七日下午四點三十分。

根據當時《中央日報》的報導，這場賽事由中華隊對上新加坡，最後中華隊以九一比八二取得勝利。在第二屆亞洲籃球錦標賽，中華隊一路過關斬將，不過最後在決賽敗給菲律賓，取得銀牌的佳績。

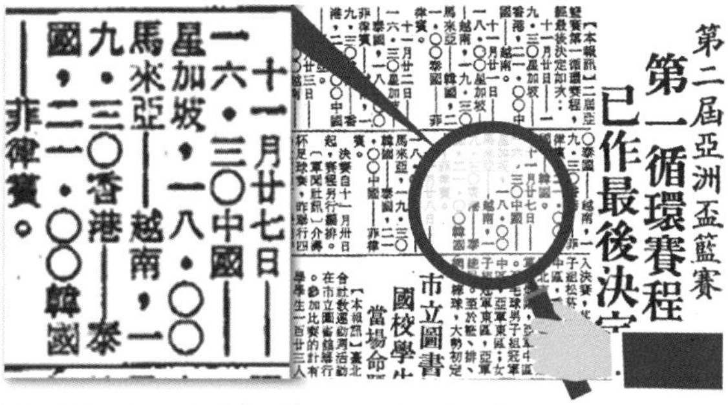

圖像來源｜李清傑｜遷臺一代｜山東即墨

PT-17 教練機

曾永介

睽違三十多年，電影《捍衛戰士2》上映。大家是否知道其實早在一九七七年臺灣就拍過超大場面的空戰巨片《筧橋英烈傳》，當年這部以中日戰爭八一四空戰為背景的戰爭片，斥資超過六百萬臺幣，使用了兩百多架大大小小的模型飛機，一共拍攝了超過三百個空戰特技鏡頭。其中PT-17教練機雖然在當年沒有機會參與八一四空戰，但曾在筧橋航校服役的它，也在本片出鏡亮相。

隨著政府遷臺，PT-17也成為在臺空軍飛行訓練的主力教練機，照片中正是一九五〇年代就讀空軍官校的曾永介先生與即將退役的PT-17教練機合影。在海、陸、空三軍都曾服役的曾永介先生回憶起當年就讀空軍官校時的克難訓練，許多訓練機都已經老舊失修，每次的飛行訓練都有可能發生意外，但在那樣資源緊缺的年代依然得駕駛這些老飛機冒險訓練。雖然PT-17在一九五八年正式退役，現今還是能在岡山空軍官校航空教育展示館一睹它的身姿。

圖像來源｜曾永介｜遷臺一代｜雲南屏邊

山溝土洞裡的克難診療間

趙善燦

自從一九四九年古寧頭戰役過後，金門便成為台海兩岸最重要的戰地防線，而當地軍隊與居民也比鄰而居，生活作息緊密相連。因此，當地醫療發展可說是完全依循軍隊編制而逐漸成熟。

早期金門縣衛生院成立時即由軍方輪流派遣軍醫駐診，到了一九五八年八二三炮戰開打，金門全境彈如雨落，當時還只是高雄軍醫訓練班小文員的趙善燦醫師，也奉派深入前線支援金門醫療服務。然而，彼時金門僅有一所位於陳坑村的野戰醫院，此外就只有東沙和料羅各一所後送醫院。

為了解決戰地前線緊急傷患處置的需求，趙善燦醫師與戰友們在當時裝甲部隊駐防的昔果山土溝中自力挖掘出足以容納成人進入的洞穴空間，以擔架充當病床，醫療箱代替藥房，設立了緊急的軍民診療間。偶爾，他們也會搭起帳篷來開設門診，為昔果山周邊的軍民進行基礎看診與醫療。

趙善燦醫師回憶起炮戰期間的艱困，其中提到土洞每逢下雨必會淹水，時有土石鬆動坍方將人掩埋在洞內的情形發生。戰火漫天的年代，甚至發生過在家中待產的孕婦，遭到從屋頂墜入的炮彈命中而喪生的悲劇。

今日，金門的醫療已由戰爭軍事醫療轉為常態醫療，但醫療資源與人力仍相對吃緊，也讓我們感佩醫護人員無論在何種時代及條件下都盡力救治患者的醫者仁心。

圖像來源｜趙善燦｜遷臺一代｜浙江諸暨

關家小舖的互助情懷

空軍總部已改名「臺灣當代文化實驗場」，後門的正義橋頭民國四〇年代有一家雜貨店「關家小舖」，當地人稱他為「橋頭關家」。

雜貨店老闆關延齡是北京滿人，官拜空軍上尉；老闆娘張瑞珠來自上海，夫妻倆為躲避國共內戰的戰火，帶著孩子隨軍來臺。關延齡雖然擁有眷村居住資格，但他選擇在正義新村附近、空軍總部後門的正義橋頭建房安置一家人，並經營起雜貨店。婆婆媽媽來購置生活用品；劇團戲子購買白粉登台亮相。天氣炎熱時，關老闆還會煮一大鍋正宗北平酸梅湯販售，生津止渴，頗受歡迎。

開學時節最忙碌，家長採買相關用品，讓「橋頭關家」成為鄰近居民的購物聖地。眾多顧客中，不乏有人無法支付而每每賒帳。有位羅胖子軍人為賒帳常客，總是無錢還清。老闆娘體恤他生活艱苦，並知道羅胖子擅長繪畫，於是請他畫幅全家福作為抵帳，藉此為一家六口留下難得的紀念。

關家將這幅畫作從民國四十八年保存至今，次女關雪寶將此捐贈給基金會，希望讓更多人知道當年的鄰里互助情懷，為紛擾的社會添加一份溫暖。

圖像來源｜關雪寶｜遷臺二代｜北京

乘載時代的明信片

有多久沒寄信了？信紙、明信片、卡片都是在電子郵件盛行之前，重要的信息傳遞工具，有的本身還具有特殊紀念價值。基金會典藏的一張明信片，即可看出大時代背景下的特殊意義。

李義嶺出生於一九三二年，祖籍安徽省宿縣，十七歲時成為流亡學生，跟著軍隊來臺。之後於政戰學校畢業，參與過八二三炮戰、金廈砲戰，曾任臺中軍中電臺站長。李緒恩是當年探親政策之下，由爺爺李義嶺以依親方式，帶來臺灣生活的特殊遷臺者。

在批典藏文物中，有張明信片特別引人注目。縱使孫子李緒恩已無法得知過世的爺爺是如何得到此物，但從明信片上的印刷文字與郵戳，能對照出當年的時代背景。此張明信片右上角的郵票圖樣，是座古樸的樓閣建築。此為一九五二年表彰在古寧頭戰役中奮鬥的國軍官兵，於金門縣金城鎮建造的莒光樓；現今已成為觀光客必訪的名勝古蹟。

明信片正下方有「救國家救同胞、抗俄寇殺朱毛」標語，其中「朱毛」二字分別為中華人民共和國元帥朱德及主席毛澤東。此標語反映反共抗俄的國策，最高的軍事機關——臺灣省保安司令部，發布〈印製品加印反共抗俄宣傳標語辦法〉政策，不僅是明信片，包括學校作業簿、報紙、入場券、產品說明書、火柴盒、香煙紙袋、唱片包裝、廣告單、甚至結婚喜帖上，都需印上反共抗俄的相關標語。

明信片中還有兩個與國民大會相關的郵戳，其中一個郵戳的建築物為中山堂，主要是紀念一九六〇於台北市中山堂揭幕的「第一屆國民大會第三次會議」，時任的蔣中正總統也以國民大會代表身分參加。會議內容除了施政與國防報告之外，亦修改〈動員戡亂時期臨時條款〉，凍結憲法總統副總統連選連任一次的限制。由國民大會代表進行選舉，選出第三任總統蔣中正。

小小一方明信片，乘載一個時代的風貌；讓現今的我們，能夠藉此瞭解七十年前的臺灣。

圖像來源｜李義嶺｜遷臺一代｜安徽宿縣

發財夢與另類教育

現在臺灣彩券的玩法五花八門，每天開不同獎項，大獎從新臺幣百萬到上億。花小小的錢買大大的夢想，全都押注在那張薄薄的紙片上。

其實早在日治時期就已推行彩票，但對臺灣社會影響最深遠的，莫過於一九八七年前，中華民國政府開始在臺灣發行的愛國獎券，最高獎金新臺幣二十萬，這金額當時足以在台北鬧區購置一棟房產了，最終因依附愛國獎券開獎的「大家樂」賭博盛行，嚴重影響社會秩序，因此在此年停止發售。三十七年間，愛國獎券最終發行了一一七一期，是截至目前為止財政史上最長壽的獎券。

愛國獎券自二八二期開始，由著名畫家擔綱設計，每期有不同內容及口號標語，題材包羅萬象，曾任臺中軍中電臺站長的李義嶺先生，祖籍安徽省宿縣，十七歲時跟著軍隊一起來臺，捐贈了十一張不同期數的愛國獎券，也讓現代人得以一探當時社會的樣貌。票面分別繪製了二十四孝及國民生活規範的故事，展示了國民政府在臺灣於不同時期宣揚道德教育的不同面向。

臺灣注重國民道德培養及身心健康訓練，蔣中正總統認為反共救國的關鍵在於強化教育，特別是民族精神教育和固有的人倫道德教育，強調發揚愛國教育與傳統文化素養，健全國民高尚的情操。因此愛國獎券上便常出現歷史人物、忠孝節義的故事，設計連續採用了二十四孝的故事，所繪製便是二十四孝之一「湧泉躍鯉」的故事。

一九六六年，中國大陸爆發文化大革命，有鑒於中華文化遭到大肆破壞，國人發起中華文化復興運動。蔣中正總統強調以「倫理、民主、科學」為綱領來復興中華文化，從教育、學術、文藝、國民生活等多面向著手改善，並於一九六八年四月三十日頒布推行《國民生活須知》，提出「明禮義、知廉恥」，在一般禮節及食衣住行育樂方面，推廣理想的生活規範，從而制定了就十六條生活禮儀觀念，核心精神在於克己復禮與傳統價值觀的培養。

當時中華民國政府普遍通過中小學課程、文藝表演及文化創作等媒介宣傳道德教育，並藉由愛國獎券的風潮，設計了以「國民生活規範」為主題的內容，搭配口號標語，強化社會教育功能，繪製了國民生活規範（一般禮節方面）「尊長在座，不宜交足。」

如今從一張張漂亮的愛國彩券上，可以看出當時國家社會的走向與生活的縮影，有人說這是「戒嚴時期的發財夢」，原畫師梁又銘先生從二八二期畫到五八九期，他則說，圖面上的字和畫都是「具有時代意義的題材」。這些圖案設計及題材內容不僅具有審美及收藏價值，更是在無形中留下了解當時社會的寶貴紀錄。

愛國獎券
臺灣省政府委託臺灣銀行發行
中華民國六十一年十月十五日開獎
新臺幣
拾圓
慶祝國慶
第
641
期
B238606

愛國獎券
澄清湖三亭
新臺幣
伍圓
第403期
中華民國五十五年三月五日開獎
臺灣省政府委託臺灣銀行發行
甲聯
A664463

中華民國五十九年元月十五日開獎
愛國獎券
臺灣省政府委託臺灣銀行發行
新臺幣
伍圓
國民生活規範
（一般禮節方面）
尊長在座，不宜交足。
丙聯
第
542
期
C292684

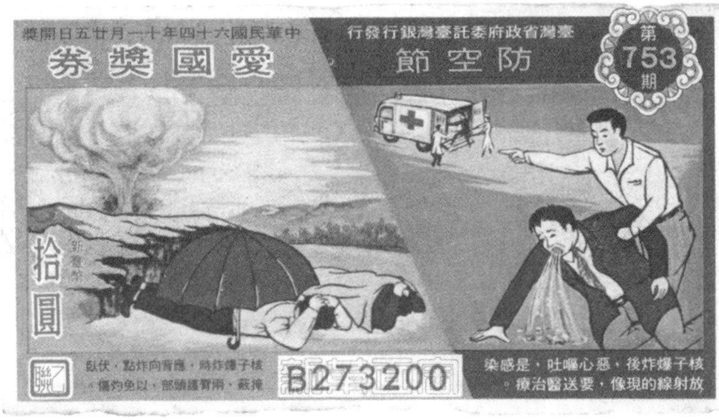

圖像來源｜李義嶺｜遷臺一代｜安徽宿縣

戰火下的出入境管制

一九四九年七月戰亂頻仍之際，有位福建漳州商人李炳芬要來臺灣，必須先申請入境旅客許可證。但為何同在中華民國統治下，從對岸來臺還要實施嚴格入境辦法？這種特殊現象有其時空背景。

陳誠將軍就任臺灣省政府主席後，推行入境管制，和臺灣省警備司令部聯合制定〈臺灣省准許入境軍公務人員及旅客暫行辦法〉，防止無正當職業人士來臺，除了怕造成臺灣資源負擔，最重要的是防制可疑分子潛入破壞臺灣的安定。李炳芬因為家族企業橫跨兩岸三地，需要來臺處理分公司事務，所以申請了這張入境旅客許可證，可以看到證件上標註的來臺事由寫著「商務」，在臺住址則是分公司在臺北的地址。

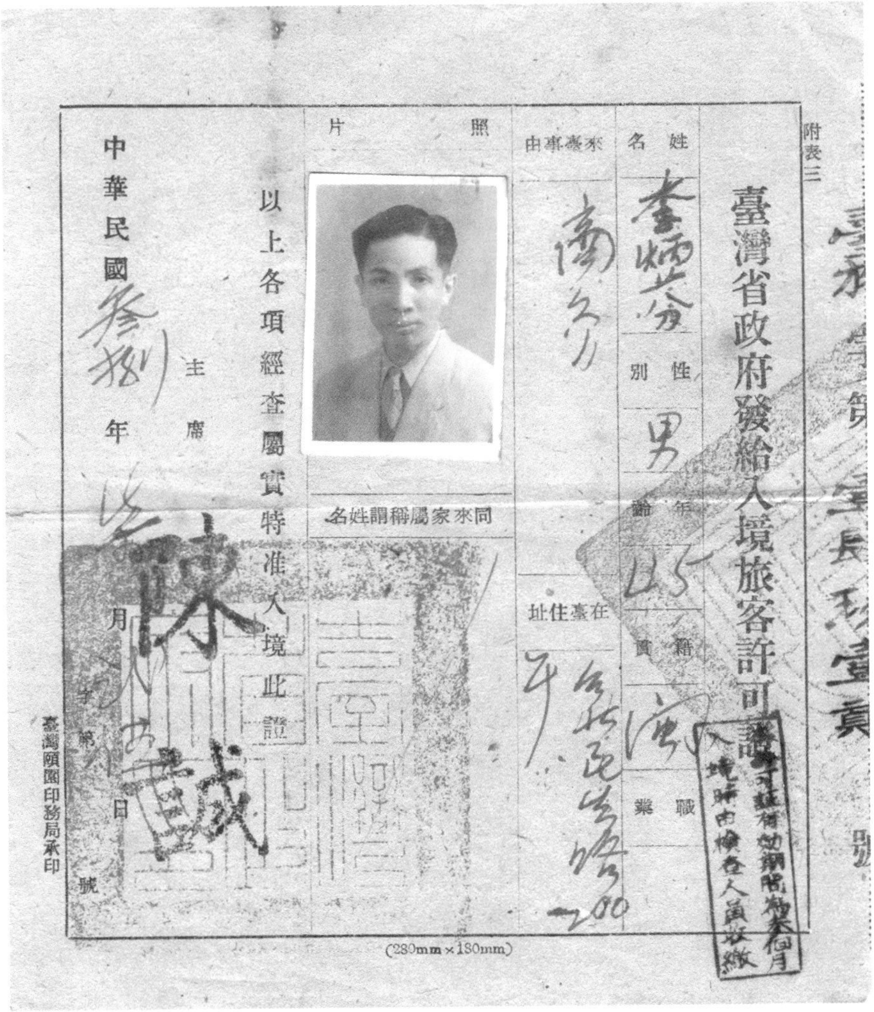

附表三

臺灣省政府發給入境旅客許可證

姓名

性別 男

年齡

籍貫

職業

來臺事由

在臺住址

照片

同來家屬稱謂姓名

以上各項經查屬實特准入境此證

主席

中華民國 年 月 日

字第 號

臺灣頤園印務局承印

(280mm×180mm)

入境時由檢查人員收繳

圖像來源|李俊渠|遷臺二代|福建漳州

限金門通用的貨幣？

范姜泰基

對於喜歡收藏不同年代貨幣的粉絲們來說，不同時期的臺幣樣貌可以說是如數家珍。上面印製著「限金門通用」的臺幣哪裡與眾不同呢？這張紙鈔來自於范姜泰基父親當年在小金門（金門縣烈嶼鄉）當兵留下的紀念物。為什麼會有這樣與眾不同的臺幣，是和當時金馬地區特殊的時代背景有關。

一九五六年六月，政府考量集中金馬前線的資源，達到軍民一體的目標，頒布「金門馬祖地區戰地政務實驗辦法」，金馬兩地成立戰地政務委員會。在戰地政務委員會的管理之下，自然宵禁、燈火管制等因應前線的備戰措施是被規範的。此外則有像是金融管制，防範敵人擾亂金融市場導致惡性通貨膨脹，也因此會有如下圖這張限金門通用的伍圓臺幣紙鈔的出現。金馬地區各自發行金幣與馬幣，雖然同樣由臺灣銀行發行，但僅限金馬地區流通。也因此如果金馬地區的人們往來臺灣，則需要兌換成臺幣。

這樣的互動持續了三十六年之久，到一九九二年十一月七日宣佈終止戰地政務才畫下句點。

圖像來源｜范姜泰基

精裝手工版中華民國護照

何運元

一九四四年由中華民國外交部發行的護照，與大家熟悉的綠皮晶片護照不同，當年還是空軍軍校學生的何運元爺爺準備前往美國接受重轟炸機空勤訓練時，手中持有的護照還是深藍布面精裝的手寫版本。在這本護照上，除了基本資料與編號，還能見到「外交部為發給護照事，茲有何運元取道印度、伊拉克、埃及、南非、巴西及英美各屬地，前往美國」以及「應請友邦地方文武官員妥為照料，遇事襄助，須至持有護照者」。

讓人好奇的是，為什麼預計前往美國的行程需要取道印度等地呢？這是因為太平洋戰爭火熱膠著之際，為了避開日本佔領的東南沿海航線，何運元與同樣準備前往受訓的組員們必須乘坐螺旋槳飛機，選擇冒險飛越喜馬拉雅山脈的「駝峰航線」，在翻越喜馬拉雅山脈抵達印度後，再搭乘火車輾轉經由加爾各答、孟買等地，搭美軍運輸艦前往美國訓練。

早期國際旅行不像現代普及，往往是留學、公務等特殊需求才有申請護照的機會，護照的效期也只有短短三年，今日看來更是珍稀罕見。

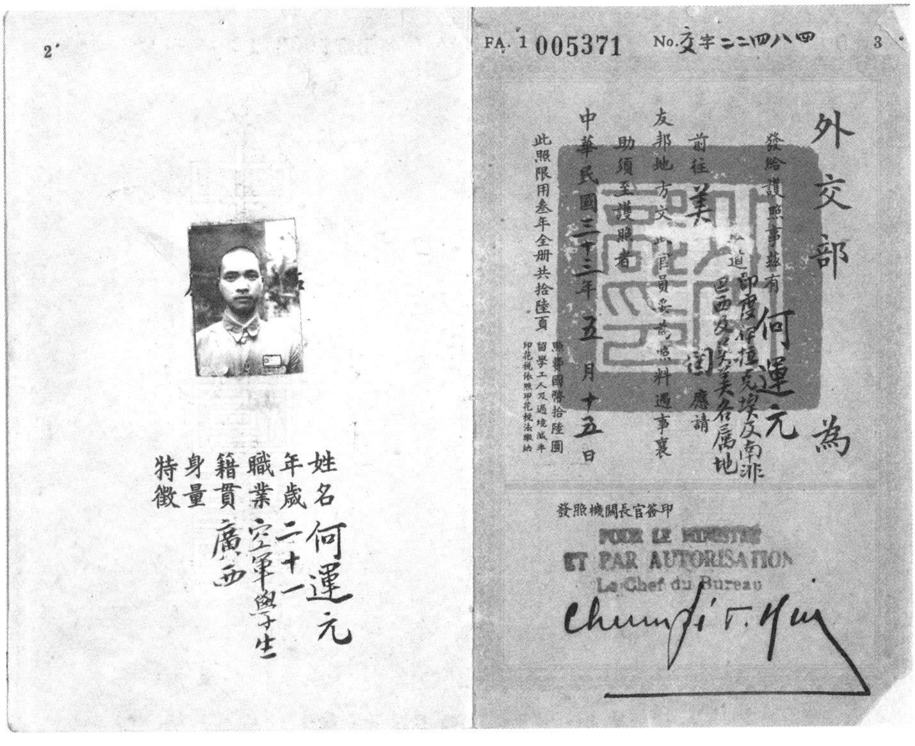

圖像來源｜何運元｜遷臺一代

從流亡學生到春風化雨

廖汝章

流亡學生廖汝章隨著學校遷徙，中途決定前往臺灣從軍，退伍後就讀師專成為老師，歷盡千辛萬苦。

廖汝章是河南南陽人，受到一九四八年宛東戰役失利的影響，南陽地區的中學生集結起來，計畫遷校到湖南衡陽，校名定為「國立豫衡聯合中學」。隨著學校一路南遷，路程艱辛，受到不少部隊與百姓們的招待，紛紛拿出食物與學生們分享。

不過一進湖南，廖汝章因為水土不服進了醫院，沒能跟上學校的大部隊，但因禍得福，豫衡聯合中學大部分的學生們後來翻山越嶺，最後到了越南富國島備受艱辛才來到臺灣。

廖汝章出院後，決定與幾位留下來照顧他的同學一同響應孫立人將軍的號召，從廣州前往臺灣成為青年軍的一員，比那些去了富國島的同學早一步來到臺灣。

在軍旅生涯中，廖汝章不忘持續進修的目標，在退役後，先是進入員林實驗中學完成中學學業後，再到臺北師範專科學校接受兩年制的國校師資科的教育。著名詩人，也是廖汝章豫衡聯中的同學瘂弦在其回憶錄裡有記載，廖汝章成為一名投入偏鄉小學教育，諄諄教誨的老師的往事。

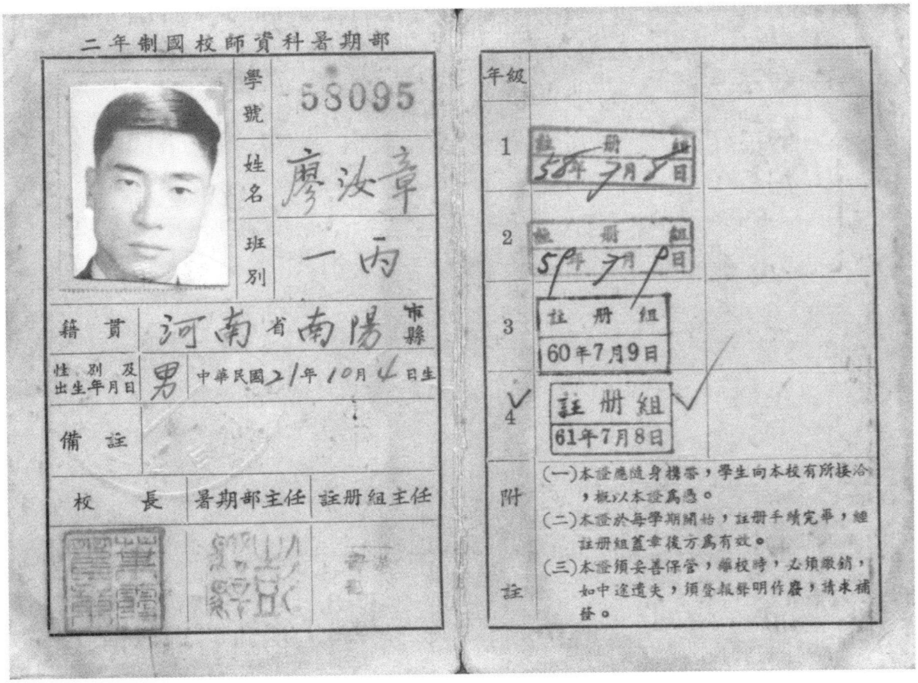

圖像來源｜廖汝章｜遷臺一代｜河南南陽

戰火下的平民生活

在八年抗戰中，除了在前線英勇作戰的國軍外，部分民眾有的因為家有老小選擇留在佔領區，也有的隨著國軍撤離到大後方，本次的物主程鳳翥正是其中的一員，選擇從河北滄縣的故鄉一路向南到了桂林，一度擔任捲菸業職業工會的總務人員，再隨著軍隊輾轉來到貴陽市。

不過即使在比較後方的貴陽，仍然受到日軍威脅。由於日軍發動「一號作戰」（我方稱豫湘桂會戰），試圖打通大陸運輸線，連結中南半島與佔領在大後方的機場，阻止中美空軍持續轟炸日本佔領區與海上交通線。眼見日軍步步逼近，西南各地的大城市也陸續為了防禦做準備，開始疏散一般市民，一方面降低平民傷亡，一方面則是集中物資給駐軍做守城儲備。

就像這張由貴陽市政府頒給程鳳翥的疏散證，上面註記程鳳翥的戶口相關資料，以及要向哪裡疏散的指示，此份被保存下來的文件，讓在和平時代的下一代，我們體會到當時戰亂中常民百姓的顛沛流離。

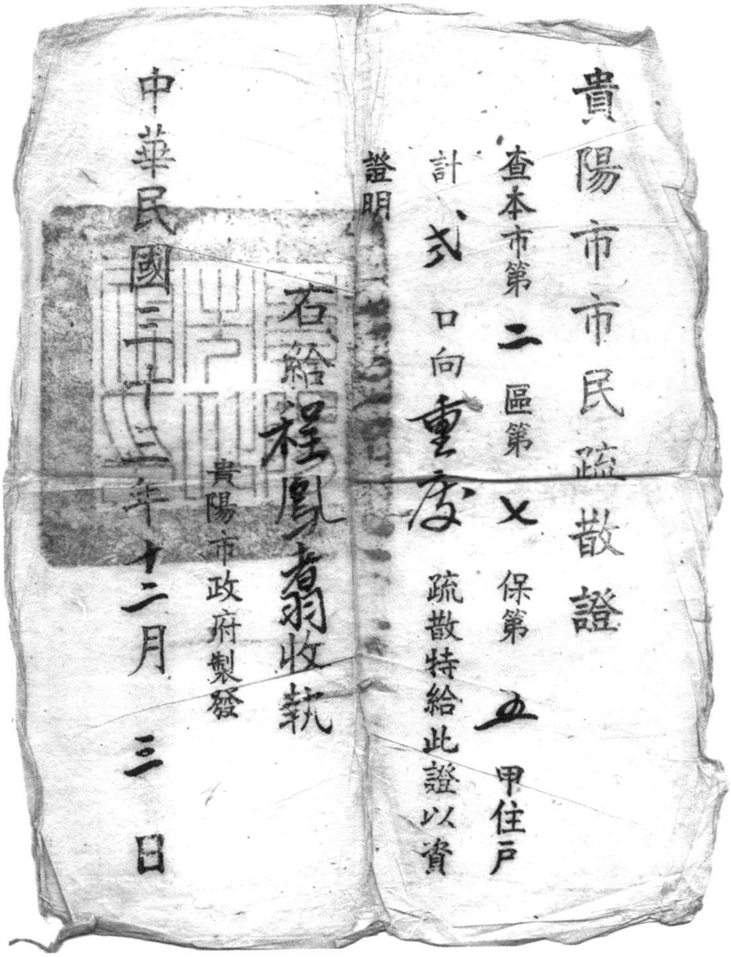

貴陽市市民疏散證

查本市第二區第七保第五甲住戶

計弍口向重慶疏散特給此證以資

證明

右給程鳳翥收執

貴陽市政府製發

中華民國三十三年十二月三日

圖像來源｜程鳳翥｜遷臺一代｜河北滄縣

雷虎騰空揚國威

空軍健兒戍守領空捍衛國家之外，還受邀赴國外表演飛行特技享譽海內外。唐毓秦將軍提供關於雷虎特技小組的照片故事。

雷虎特技小組創設的契機，緣於在美受訓的飛官親睹美國雷鳥飛行特技小組的演出震懾全場，進而激勵他們籌組小隊，仿效精進飛行表演。一九五三年，飛行特技小組於空軍台南基地第一聯隊成立，隔年空軍節，四架 F-84G 型雷霆噴射式戰機首度在台北市上空公開表演，從此一鳴驚人。

唐毓秦將軍（左頁上圖）因飛行技術優異，獲選加入雷虎小組，於一九五九年四月應美國空軍邀請，赴美參加世界航空會議。左頁下圖即是當時表演節目之一：九架飛機呈鑽石隊形展示垂直三百六十轉的精湛特技，獲得各國空軍一致好評，蔣夫人更親自於紐約寓所設宴款待這群為國爭光的雷虎英雄。

圖像來源｜唐毓秦｜遷臺一代

拌炒淵遠流長的家鄉味

王近年

王近年祖籍安徽涇縣，父親王世祿，母親李筱如，父親早前於金陵兵工廠（後來的六十兵工廠、聯勤二〇五兵工廠、國防部軍備局生產製造中心第205廠）擔任技工，居住到高雄南京村中。

在兵工廠擔任技工的父親，因為生活艱苦，便利用兵工廠廢料加工成家中的剪刀、菜鏟，是純手工製品。鄰居逢年過節時委請母親一起炒一大鍋什錦菜，菜的份量多到甚至需要在除夕前兩天就開始準備，用「家傳」菜鏟不斷拌炒，直到除夕下午完成時，母親李筱如便挨家挨戶去送菜。而這柄伴隨母親跨過各種廚房「戰場」的菜鏟，全家搬到君毅正勤新村後依然還有在使用，將來自遙遠故鄉南京，屬於王家的味道一代一代流傳下去。

圖像來源｜王近年｜遷臺二代｜安徽涇縣

PEOPLE 526

勁草集：我家的兩岸故事（三）

作者　財團法人沈春池文教基金會
照片提供　財團法人沈春池文教基金會
統籌　石靜文
主編　李碧華
編輯　謝翠鈺
助理編輯　翁傳鈺、張佳容
企劃　鄭家謙
封面設計　陳文德
美術編輯　江麗姿

董事長　趙政岷
出版者　時報文化出版企業股份有限公司
一〇八〇一九　台北市和平西路三段二四〇號七樓
發行專線　（〇二）二三〇六六八四二
讀者服務專線　〇八〇〇二三一七〇五
（〇二）二三〇四七一〇三
讀者服務傳真　（〇二）二三〇四六八五八
郵撥　一九三四四七二四　時報文化出版公司
信箱　一〇八九九　台北華江橋郵局第九九信箱
時報悅讀網　http://www.readingtimes.com.tw
法律顧問　理律法律事務所　陳長文律師、李念祖律師
印刷　勁達印刷有限公司
一版一刷　二〇二四年六月二十一日
定價　新台幣四二〇元
（缺頁或破損的書，請寄回更換）

時報文化出版公司成立於一九七五年，
並於一九九九年股票上櫃公開發行，於二〇〇八年脫離中時集團非屬旺中，
以「尊重智慧與創意的文化事業」為信念。

勁草集：我家的兩岸故事．三／財團法人沈春池文教基金會作．-- 一版．-- 臺北市：時報文化出版企業股份有限公司, 2024.06
面；　公分．--（People ; 526）

ISBN 978-626-396-408-2(平裝)
1.CST: 人物志 2.CST: 臺灣

783.31　　113008030

ISBN 978-626-396-408-2
Printed in Taiwan